夜經濟

葉丁源——著

第一本人類夜晚活動史

NOCTURNAL ECONOMICS

推薦序

創意的搖籃，智慧的溫床

臺大政治系教授　李錫錕

想像一下，古代人活了七十歲，只能白天工作；由於夜間視覺不良又害怕野獸，他只能在晚上發呆與睡覺。邏輯上，他只能算活了三十五歲而已，因為其餘三十五年他活而不動，違背了「活動」的意義。

英文字「情緒」是 emotion，源自拉丁文 motus anima。anima 指靈魂，motus 指移動 (motion, move)，合起來直譯就是抽象的情緒，可以移動有形的肉體。例如我們先有饑餓的情緒，才有覓食的行動。可見遠古之人的情緒在夜間想活動，實際上卻無法、也不敢活動，如同饑餓不能覓食，其痛苦可知。

怎麼解決這個痛苦？作者蒐集並整理了豐富的資訊，進行精闢的分析，回答了這個嚴肅但有趣的問題，他的答案是：「超過三十萬年的DNA累積，證實我們是星空的孩子！」本書告訴我們：人類有始以來，一直在思考、摸索、實踐夜間活動；我們從來都不甘於太陽太下山之後，只能認命地（像多數動物一樣）無所事事或呼呼大睡，等明天日出而作。

李白那句「浮生若夢，為歡幾何？古人秉燭夜遊，良有以也」描述了古代人對夜間活動的讚美心情，可見「夜間經濟」不只是現代的新名詞，早就是古代的舊現象。

當科學家、哲學家或文學家很費力地在解析或評價人類幾萬年來的精神與物質發展成果，卻似乎忽略了——這些成果的構思（idea）當初是在什麼情境（時間（when）和地點(where)）醞釀出來的？作者很有說服力地指出：應該歸功於夜間經濟！

總之，讀完本書，你會感動於作者的聰慧、認真和熱忱，他很成功地建立起「夜間經濟」和「文明發展」的相互依賴關係——夜間經濟不但是人性的展現，潮流的必然，更是創意的搖籃，智慧的溫床！

這是一本你非買不可的好書。

推薦序
創意有多大，世界就有多大

王品集團暨益品書屋創辦人　戴勝益

世界上有兩件事是無限，一是宇宙，一是創意。創意有多大，世界就有多大。

創意代表生存空間，天馬行空的遐思，無拘無束的神遊，都是發展創意的方法，引導你的想像空間，描畫你的生活版圖，這是創意引導的世界。

夜晚再也不是我們印象中的那般，在時代的演進下，夜晚的多樣性不正是創意的發揮嗎？

如書中所提到，夜間經濟配合了現代經濟的發展，讓生活變得更有創意，也是夜經濟無限的延伸的最佳映證。

目錄 *Contents*

第一章

夜晚與人類——超過三十萬年的DNA積累

你有沒有想過，有人約你吃飯，如果是客戶，你會選擇在中午，如果是老朋友，你會安排在華燈初上的夜晚；你有沒有想過，所有的小酒館都在天黑後才開門，低吟淺唱，撥動你的心弦；你有沒有想過，不管白天多麼勇猛無畏、風頭無限，到了夜晚，你總是容易黯然神傷，像哲學家那樣鬱鬱寡歡。這一切都是因為夜晚在人類進化的過程中深深地與文化、精神世界和自我結合在一起。我們對夜晚的消費和期待，在夜晚的放縱和坦蕩，都來自超過三十萬年的DNA積累。

我們是星空的孩子

在夏威夷旅行時，有件事令我留下了深刻印象。

那是一個夜晚，我吃完飯信步往酒店走去。從我吃飯的地方到酒店並不遠，大概半個小時的路程。當時已是華燈初上，四下很安靜，大島的居民並不多，除了觀光客，沒有人在晚上九點還有興致到街上溜達。但是我覺得旅行的意義就是這樣，讓心情放輕鬆，興致不妨高一點，做一些平常不會做的事情有何不可？而且，我吃得未免有點多，飯後半個小時的散步，有助於消化。

我就這麼走著，太平洋的風吹過來，暖洋洋的，路的兩邊是高高的棕櫚樹，低矮的灌木被修剪得整整齊齊，小石子鋪成的路基在月光下發出白色的微光。這是一個多麼愜意的夜晚啊！

我無意中抬頭仰望星空，不由得被眼前美景所震撼，從來沒有看見過那麼燦爛的星光，整個夜空布滿星斗。我必須承認，那一刻攝人心魄，一瞬間，我好像被整個宇宙緊緊包圍，感覺自己那麼渺小，但又非常幸福，我感到內心莫名的感動，有種本能的東西在震撼著我，於是呆呆地看著星空，腦中空白一片。

不知道你多久沒有在夜晚仰望星空了？你有沒有試過在郊外安靜的田野裡仰望頭頂的美景？

我想，你也和我一樣，曾經在浩瀚的星空下目瞪口呆，然後覺得自己內心深處的一個地方被深深震撼了，一個說不清楚但感受非常清晰的地方。大部分人會認為這不過是浪漫主義屬性的一次來訪，在一種悸動的情緒過後就會恢復如初，但是您有沒有仔細想過這背後的深層原因呢？

二〇一五年，美國北卡羅來納大學的保羅・西爾維亞（Paul Silvia）做過一個心理學實驗。他招募一百零三名志願者，讓他們看電腦螢幕上連續呈現的十四張不相同的星空照片，每張照片後面都有「你覺得這張照片讓你感動嗎？」「你覺得這張照片讓你驚嘆嗎？」諸如此類的十一個問題。

受測者對每個問題提供自己的答案，從一到七，一代表「一點也不」，七代表「非常」，中間的四代表「一般」。一百零三位志願者做出分數評定後，心理學實驗室發現，星空圖片確實能替人帶來「驚嘆」、「敬畏」、「美麗」、「神聖」等深刻的審美體驗，這些體驗的評分都在四分以上。大家普遍看到星空時，會產生比以往更強烈的渺小感，但這種渺小感帶來的並不是自卑，反而是發自內心的讚美與嚮往。

你有沒有想過這是為什麼呢？為什麼夜晚的星空如此有魔力呢？

答案很簡單，因為我們每個人都是「星空的孩子」。

生命從最簡單的原子組合開始，如果原子也存在記憶，那麼它會回憶起億萬年前在宇宙飄蕩的日子，最後奔赴原始太陽的烈火並降落到這顆星球上。

五十億年前，太陽系還是一團瀰漫幾十光年的星雲，質量並不足以成為恆星維持熱核反應，恰巧一次超新星爆發帶來能量擾動，才使星雲收縮誕生太陽系。所有生命與非生命的誕生，都源於恆星和它周圍一切的毀滅。我們身上的某個原子，也許正是你抬頭看到的某個星雲產生的，而星空就是我們身體每一個原子最初的來路。你不妨低頭看看皮膚，上面的某一個原子，來自幾天前吃下的一塊牛肉，那頭牛吃過一根草，這根草吸收了一片草原中的某些成分，這些成分是被一座遠古火山噴發出來的，這座火山噴發出的都是地球內部的岩漿，這些岩漿在地球形成前只是太陽系中的粉塵，這些粉塵來自一片星雲，這片星雲則來自藍巨星垂死時產生的超新星爆發，這顆藍巨星就是太陽的前身星。

而這顆藍巨星又是怎麼來的呢？它誕生於更早的幾億年之前的第二代恆星死亡後的遺骸，一直追溯到宇宙剛誕生的時候，所有東西都是一些夸克、膠子……而你身體中所有大於鐵的原子，都誕生於某顆超新星生命的最後時刻。

換言之，我們身上承載著整個宇宙的記憶，宇宙發生過的一切，都以某種形式儲存在我們的身體裡。這就是為什麼當夜晚來臨時，我們仰望星空會有無比的震撼和親切感。因為那是我們的家園，是我們生命最終極的意義所在，是我們的前世，而我們在地球上的生活，不過是個衍生品而已。

白天是屬於這種衍生品。忙忙碌碌，只會關心當下的事情，因為這和自己的切身利益直接相關。你關心錢、社會地位，關心父母、伴侶、孩子，關心天氣、房價、養老，這些都是人類大腦與人類社會相互影響後的產物。你把它們掰開揉碎並分析得入木三分，然後按一種似乎是約定俗成的規則去做對自己最有利的事情，將俗世生活這一概念放到無限大，讓它肆無忌憚地占據了內心的全部世界。

可是，這就是生命的全部意義嗎？

就算你一無所知，但是體內的遠古記憶並沒有消失，它們只是在沉睡。於是，在某個晴朗無雲的夜晚，你抬起頭，一片壯麗、優雅、安詳、神祕、廣闊的星空就如同一張巨幕赫然呈現在眼前，如一絲清雨將你世俗的雙眼洗刷得乾淨透澈，什麼都不剩。你與最本質的歸屬之間再無任何隔閡，只有不斷湧入眼中的無數星光直接打進你的內心。你怎能不感動？怎能不幸福？怎能不驚嘆於世俗之外超越一切的終極之美？這個時候就會意識到，你是社會的，但首先是自然的。

我們多久沒有意識到夜晚之美了？似乎很久了。但是，無論多久，我們會忘記夜晚嗎？不會，我們永遠不會。

人與動物不同的進化之路

人類學家普遍認為，人類在地球上已經存在超過二百五十萬年了。雖然相較於在地球上存在超過一．五億年的恐龍來說，人類的歷史實在短得不算什麼，但是，恐龍沒有登上月球，沒有發明可以把夜晚照成白晝的小燈泡，沒有發明網際網路，更沒有自己寫編年史——想一想也挺可怕的，如果恐龍寫了編年史，得足足寫將近二億年啊！

這固然不能說人類就比恐龍高級——等人類也存在超過一億年再說這話不遲——大抵只能說明，人類的進化走了一條和恐龍截然不同的道路。

沒有研究發現恐龍存在的一億多年裡生活模式發生多大的變化，兩隻生活年代差距一千萬年的恐龍，如果能夠碰到，只怕牠們依然會有很多共同語言。牠們的語言系統似乎也差別不大，交流起來沒有什麼障礙，能彼此聊天，探討怎麼吃葉子，怎麼找水源，甚至怎麼追求貌美的異性恐龍。幾千萬年了，牠們的生活方式並沒有什麼變化。

但今天的人類和二百五十萬年前的人類相比呢？不要說二百五十萬年前，就是一萬年前的人類，也無法想像我們今天的生活。特別是人類歷史進入近代，科技發展讓生活模式發生了日新月異的改變，清朝人怎麼也不會想到，今天人類最害怕的竟然是手機沒有訊號。而縱觀人類發展歷史，我們的生活模式主要經歷了兩次顛覆性的變化，這兩次變化讓人從動物中脫穎而出。

一次是一萬年前的「農業革命」，還有一次是我們目前身處其中的「科學革命」，從開始到現在也有五百年了。

人類的進化是所有生物中最奇特的，看似漸漸成為地球的主宰，把其他生物禍害到不行。在人類發展的野蠻時期，其他生物要嘛成為人類的食物和工具，比如豬、牛、馬、羊；要嘛因為生存環境被侵蝕而滅絕，比如爪哇虎；有些動物更悲慘，是在成為食物的過程中滅絕，比如旅鴿。自然界似乎應該奉人類為上帝了，凡是不能被馴化、圈養的動物彷彿都免不了走上滅絕這條路。

但是另一方面，人類又是這個星球上最作繭自縛的一種生物。我們不停地為自己尋求方便，發明各種稀奇古怪的東西——洗衣機、洗碗機、汽車……但所有的方便最後都成為一種枷鎖，讓人類深受其苦，無法擺脫。你沒發現身邊的人愈來愈不開心了嗎？

如果每隔一萬年做一次抽查，對比人類進化過程中的心理健康狀況，我敢打賭，現代人一定是自從人類誕生以來最沮喪的一群人了。你說，這是進化的成功還是失敗？

這一切都起始於第一次生活模式的改變。

農業革命發生在距今一萬年前，人類學會了種植小麥。但從另一個角度，不如說小麥藉機馴化了人類，因為它由一種毫不起眼的雜草，一躍而起成為植物界的天皇巨星，被人類精心保護著，小心翼翼怕它們滅絕不說，還替它們打敗不少天敵，於是小麥得以在全世界範圍內不斷繁衍蔓延。從DNA遺傳的角度來說，進化就是DNA的自我繁殖過程，小麥在植物界的進化可以說是一枝獨秀，大獲全勝。

但是人類呢？就此把自己固化在土地上，每天辛苦地勞作，像奴隸一樣侍候糧食的生長，進而失去了隨處行走的自由。也因為穀物成了主要的食物來源，人類的飲食結構愈來愈單一，導致各種免疫系統問題的產生和瘟疫的橫行。

現代人的煩惱就更別說了，以我們的生活來說，有了手機可以及時溝通，互通有無，卻不自覺地陷入繁瑣的人際關係網中，快節奏的社交生活侵擾著我們，讓我們焦躁不安；我們有了汽車，可以前去遙遠的地方，但又得為養護它耗費心思，要更加努力地工作，以求能擁有這個昂貴的大玩具；我們創造了穩固健全的社會制度，把自然界最基本的優勝劣汰遮罩在外，讓最糟糕的基因都有活下去的可能。它保障了人口，但要壓抑你的個性，要求你放棄很多自由和快樂，稍微動彈一下都要付出巨大代價。

近五百年的人類可能是歷史上最煩惱的一批人了，因為科學革命的到來，讓這個世界日新月異，每個人都有一種「不是我不明白，這世界變化快」的迷失感。

革命性的發現一個接一個，顛覆性的科技目不暇接。而人類這種生物雖然有飛快的學習能力，算是地球上最聰明的物種，但腦容量還是有限。人類說到底還是動物，做為整個物種來說，人類排斥過於迅速地進化，本能地喜歡穩定，討厭變革。

太快的速度會產生強烈的不適感，而因為太快地看到各種決定帶來的結果，人類比以往更加迷茫。今天的人類普遍帶有一種悲觀情緒，有末世情結，很多人認為，人類的未來，不是做出一個無法掌控的新玩具將自己取代，就是徹底迷失在飛快的變革中，基因弱化，自我毀滅。

人類對過於頻繁的變革產生迷茫心理，這很好理解，這是進化產生的自我保護心理，我們綜觀一下人類歷史就很容易明白了。

人類做為食物採集者已經有二百五十萬年了，在這段時間裡，人類主要靠採集野生果子和捕捉野生動物為生。族群通常維持在一百五十人左右，少於這個數量便沒有足夠的力量存活，多於這個數量會因為缺乏有效維繫而分崩離析。

採集時代是個非常漫長的過程，漫長到那時的人類一定認為這種生活模式是永恆的，自然界長什麼就吃什麼簡直是顛撲不破的真理，比牛頓三大定律還無法反駁。

接著，農業革命到來了，人類發現可以種植小麥、養豬吃肉，再也不用到處溜達、四處採摘了，而是固定在一片土地上種植出大量的食物。這對當時人類思維的顛覆遠遠超過今天人類登上月球帶給我們的震撼，因為農業革命改變的可是沿襲了二百五十萬年的生活方式。

當我們對科學格外驕傲，認為手裡掌握的技術幾乎無所不能時，可以設想一下一萬年前剛成為農民的人類。他們當時的狂妄只怕比我們還要來得凶猛，原因無他，我們只是改變了五百年，他們卻是顛覆了二百五十萬年！我們的文字只記載幾千年，但是DNA卻能反映進化過程中的所有積累。

所以你會發現，就是在農業革命時期，人類留下了最狂妄的神話，這些神話無一不暗示人類才是宇宙的主宰，人類才是神的選擇，而不是那些體格巨大的長毛象。

是什麼給了人類這樣的自信？要知道他們既沒有火槍、大炮，也沒有衛星、飛船，他們連地球是圓的都不知道。說來很可笑，給他們自信的是小麥，是的，能種植小麥，進入農業時代了，對人類來說是件不可想像的瘋狂事情——自然可以控制了，人口可以增長了。這意味著人類終於掌握了和其他動物拉開距離的技巧，這是本質的東西。

舉個神話例子來說——夸父追日。

夸父生活在黃帝時期，正好是中國農業革命蓬勃興起的時候。這一時期留下了很多轟轟烈烈的神話傳說，這些傳說的氣質是什麼呢？就是農業革命初期的超級自信。《山海經》和《列子》都記載了夸父追日的故事。夸父是個勇敢無畏的人，身強體壯，無所事事，有些神經質，覺得可以把太陽追到手，於是每天追趕太陽，無比執著，直到累死，是個有奧林匹克精神的長跑運動員。

因為存在於遠古神話中，夸父不可避免地擁有一種魔性，像個寓言似的，富有象徵意義。除了瘋狂之外，也讓今天的我們暗中覺得他過於愚蠢；但是不是可以換一個角度看問題，夸父追日恰恰說明了他頗為自信，覺得和太陽賽跑是小菜一碟，可以說自信心爆表。

不必笑他，也許五千年後的人類看到我們試圖解釋量子物理時，也會覺得我們就像神話傳說中的人物那樣荒誕不經。

但是夸父並不覺得自己荒唐。距今一萬到五千年間的人類是最有自信的一群人，他們可以扮演上帝造人，各地的神話傳說無一例外涉及人類起源這一主題。他們還試圖解釋自然真相，無論是補天、治水，還是對地球相貌漫無邊際的想像，背後都彰顯著一種做為高等生物的自信，這種自信是農業革命帶來的。

今天的人類處於科學革命之中，這是比農業革命還深刻的革命，但是，我們還會有這種自信嗎？難說得很。

科技發展過於迅速，我們反而忐忑惶恐。理論更新得太快了，新的東西以前所未有的速度成為舊的，被拋棄時上面還帶著剛出爐的溫度。在這樣的變革中，我們不可避免地產生了無力感。

幾萬年後人類如果還存在，會發現我們這個時代的人類總是鬱鬱寡歡，每個人都發出沉重的感嘆：一方面相信科學總會帶我們找到出路，另一方面卻又掩飾不住悲觀，總覺得人類哪裡不對，早晚有一天會失控，成為下一個恐龍。

這是現代人痛苦的根源所在，因為不可知性太多。人類甚至還發明了「反脆弱」理論，號召大家來擁抱這種不可知性，看似態度非常積極，但實質是種無奈與恐懼。

農業革命的歷史短得不值一提，僅有一萬二千年而已。但科學革命只有五百年，更短，更密集，濃得化不開。

人類用二百多萬年適應採集時代，再用一萬多年適應了農業時代，現在是科技時代，才過了五百年，其變化的深度、廣度、速度就幾乎超過了之前的總和。這種情況下，人類怎麼能不迷茫，不有末世感呢？

近五百年來，人類的生活方式變化太頻繁、太巨大了。如果一個人在五百年前閉關，在今天醒來，他會發現自己完全被時代拋棄了，根本無法生活，不，是根本無法存在。他很可能發瘋，或者在發瘋前被當成活標本送進人類研究所。

同樣，在這樣的變化中，我們的思維也必須呈現出「喜新厭舊」的特性才可以緊跟時代的腳步，不管是政治制度、生活方式，還是經濟模式。

我們必須了解所處的是什麼時代，才會真正明白新的生活模式是以多麼快的速度、多麼密集的頻率、多麼顛覆的面目來到我們身邊，才會明白科技革命對本書所要提到的經濟模式和市場心理具有多麼大的影響。

原諒我在此扯了這麼多人類生活模式的變遷，因為雖然生活模式不斷變遷，但有一樣東西是連貫的，那就是人類的思維方式——我們永遠都在追求方便、輕鬆、豐富和審美。

從幾百萬年前的人，到今天的人，一以貫之。

人類進化是無可避免的，做為一個物種來說，進化也意味著進步，是不可逆的。所以盡量謙卑，不必恐慌，就算人類逃脫不了總要毀滅的宿命，也不必為此惶惶不可終日。

要知道，人類的希望也許就在於從不放棄自我調節，所以永遠都要順潮流、合風氣，擁抱時代。

科技帶給我們新的視角，我們要做的是找到方向所在，也許夸父追日的寓意就在於此，追逐希望才是人類的救贖之道。具體到經濟模式上，和夸父相反，我們要擁抱的可能是夜晚。

黑夜相較白天更具主體性

擁抱夜晚這件事並非想像中那麼顛覆。「黑夜給了我黑色的眼睛，我卻用它來尋找光明」，很長一段時間裡，夜晚是做為光明的對立面而存在，這種立場導致它總是被忽略、被貶低，存在的價值就是為了襯托光明多麼了不起。黑夜除了用來睡覺外，似乎也不被期待更多，除了梁上君子。

但是黑夜如果和光明結合在一起呢？你可以在黑夜中點起一把篝火，黑夜就此變得溫暖、有活力，你可以在黑夜裡製造一個白天。但是反過來，你能在白天創造一個黑夜嗎？白天裡的黑夜不僅魅力全無，而且莫名有種頹廢感。

這說明黑夜對白天來說，更具有主體性，它是一個底色，本身潛藏著巨大的可能性。它躁動不安，但表現上又沉寂安詳；色彩單一，反而容易添加很多內容，呈現出繽紛多姿的樣貌。

這是黑夜的魅力所在，而對這個魅力的追求其實早早就開始了，比我們想像的還要早。

我們說過，人類存在的歷史已經超過二百五十萬年了，但在將近二百萬年裡，人類都是非常弱小的存在。本身存在著很多缺陷，比方身材矮小，不要說巨大的長毛象，就連黑猩猩都比人類體格魁梧，一旦相逢，人類只有落荒而逃的分兒。人類的夜間視力也很糟糕，和其他動物相比，幾乎算是個殘廢，不僅比不上夜晚捕食的大型動物，連鬣狗都不如。所以在食物鏈中，人類長期處於低端。

早期的石器最常見的用途就是把骨頭敲開。是的，我們的祖先最擅長敲骨吸髓，不是因為擅長補鈣，而是因為沒有獵殺大型動物的能力，只好眼巴巴地躲在一邊。等獅子享受完獵物的內臟，鬣狗享受完剩下的肌肉，就輪到我們了嗎？別忙，還有禿鷲呢！牠們體形巨大，爪尖嘴利，非常不好惹。牠們會肆無忌憚地從天上猛然俯衝而下，才不去管環伺周圍的弱小人類（當時還是猿類），這些不能跑、不能咬、不能飛的猴子有什麼好怕的呢？禿鷲不慌不忙地把獅子和鬣狗吃剩下的東西用尖尖的嘴挑出來餵飽肚皮，然後心滿意足地飛走了。這個時候才輪到了我們的祖先，面對一片狼藉的獵物，還有什麼可吃的呢？只好用石頭砸開骨頭吃骨髓了。

人類活得多悲摧啊！真是被欺負到家了，但這一切因為一件事改變了。大約八十萬年前，某些地區的人類開始用火了。

人類使用火的歷史算是不短的，大概可以部分解釋為什麼像人類這麼弱小、無用、情緒化的動物還能繁衍下來。因為他們聰明，太聰明了，竟然控制了比他們強大很多的自然能量，目前人類依然是這個星球上唯一能夠掌控火的生物。

到了約三十萬年前，對人類來說，用火已經很普遍了。多處的考古發現，這個時段裡有人工火燼的遺跡。

火的意義不言而喻，可以改善伙食，適合人類無力的下頜骨和脆弱的胃腸；還可以取暖，彌補了人類毛髮稀少不耐寒的缺點；還可以驅趕大型猛獸，如獅子、老虎、長毛象——在牠們的進化過程中，火是毀滅一切的惡魔，離得愈遠愈好。這些野獸的大腦不是用來思考，再進化一億年也理解不了火。

火還可以做什麼呢？還可以帶來光明。

在很多動物眼裡，人類是有殘疾的，牠們覺得這種猿很奇怪，一到晚上就變成瞎子，這種動物的眼睛離開光明就成了擺設。不要說貓科動物，就是犬科動物也比人類威風，牠們到了夜晚可以目光如炬，火力全開，抓老鼠、獵鹿群，到處溜達，全都不在話下。當其他動物可以盡情享受夜晚時，人類只能躲在洞穴裡戰戰兢兢，除了睡覺，實在沒有別的事可做了。因為眼睛啊！伸手不見五指。

被其他動物嘲笑二百萬年後，終於，人類長志氣了，竟然學會點篝火。另一扇大門打開了，人類的命運從此更新升級。

如果說白天是屬於工作的，忙著四處採果子、獵兔子，趁著猛獸們睡覺趕緊出來溜達溜達，那麼夜晚才是屬於人類的，點起篝火，驅散周圍不懷好意的豺狼虎豹，可以輕鬆自得，放下白天一直緊繃的戒心，喘口氣，唱首歌，聊聊八卦。

夜晚的寒冷被篝火散發出的溫暖驅趕，這一切多麼愜意。天上有皎潔的月亮，或者沒有，人類並不在意，因為眼前的篝火讓夜晚如此美麗，誰還去關心天上有沒有明亮的大圓盤？

到了距今十五萬年時，人類使用火的技術已經爐火純青。是的，連「爐火純青」這個成語都說明了人類對掌控火這件事多麼得意。夜晚的篝火到底改變了什麼？僅僅是我們對生命另外一面的單純追求？還是有情感需求之外的進化意義？

大約在距今七萬年前，人類發生了一次進化的飛躍，不知道怎麼搞的，竟然有了語言和文化，成功地把自己和黑猩猩永遠區分開來。這次飛躍，我們稱之為「認知革命」。「認知革命」是指人類可以進行形而上的思考了，雖然這種所謂「思考」在今天看來很簡陋，很形而下，但是和獅子、老虎、大象比呢？

人類厲害得上天啊！

人類的祖先看見月亮，除了覺得很亮之外，還會思考這是不是心愛的母猿在向自己眨眼睛，表達想與我一起為族群繁衍做貢獻的美好願望；看見獅子在周圍溜達，除了回家警告同胞要小心外，還可以很複雜地交流一些想法，比如：「這頭獅子老是在這個時間出現，我們搭個陷阱明天把牠端上桌怎麼樣？」「『雙一一』到了，我答應小母猿替她做個獅皮手袋。」

這並不可笑，能交流到這個地步就已經揭示了人類與恐龍的本質區別，人類有更寬廣的可能性，而且這個方向一旦被人類找到，他們就決定一路狂奔起來。

這一切和夜晚的篝火有關嗎？

是的，關係很大，因為資訊的交流需要土壤，特別是八卦的交流。人類學家有一種強而有力的結論，智人（遠古人類的一種，今日人類的共同祖先）之所以能夠一支獨大，和旺盛的八卦能力有關，這種能力決定了文化的產生。文化的附屬品是凝聚力，你可以讓十個人靠血緣關係和性關係同心同力，如果有一千萬人需要同心同力呢？你必須靠文化，讓他們愛國、愛宗教、愛地球，有了信念上的凝聚力，不要說一千萬人，就是一億、十億，這個任務的完成也在彈指之間。

凝聚力的重要性怎麼強調都不為過，正是因為這個，智人才成為我們所有人的祖先。當時地球上還存在其他人類，有些比智人還要高大、漂亮、威猛，但他們都去哪兒了呢？帶孩子去玩了嗎？不，他們都被智人消滅了。

想像一下，一個智人打不過獅子，那麼十個人呢？一百個人呢？所以大約七萬年前，智人發現了複雜的（相對而言）語言體系和文化體系，智人族群開始開外掛了，他們變成戰神，把其他的人類都給滅絕了。因為他們可以組織上百人、上千人的鬥毆，多可怕，誰打得過？估計那個時代其他沒有文化的人類看到智人成群結隊地出現，都會躲得遠遠的，嘴裡嘟囔著「就怕流氓有文化」。

而這種文化從何而來？是的，夜晚的篝火。

只有放鬆、安靜、舒適的夜晚才是人類思考和交際的最佳時間段。三十萬年前的篝火，正是七萬年前認知革命的溫床。否則以人類緩慢的進化屬性，沒有溫床加速，我們現在是不是還處在某個落後的進化環節裡呢？那我現在就不可能向各位嘮叨夜晚的重要性，各位也不會對此感興趣，有時間還是把自己身上的這塊獸皮縫補一下更為重要啊！

說了很多人類的進化，是想說明白夜晚對人類的重要性，它在「認知革命」中扮演的角色如此重要，很多時候，這種重要性我們竟然全無知覺。

你有沒有想過，有人約你吃飯，如果是客戶，你會選擇在中午；如果是老朋友，你會安排在華燈初上的夜晚。

你有沒有想過，所有的小酒館都在天黑後才開門，低吟淺唱，撥動你的心弦；中午怎麼就沒有穿破洞牛仔褲的男孩抱著吉他唱《挪威的森林》？

你有沒有想過，不管白天多麼勇猛無畏、風頭無限，到了夜晚，你總是容易黯然神傷，對自己這一輩子思前想後，從而像哲學家那樣鬱鬱寡歡？

這一切都是因為夜晚在人類進化過程中深深地與文化、精神世界和自我結合在一起。

我們對夜晚的消費與期待，在夜晚的放縱和坦蕩，都來自超過三十萬年的ＤＮＡ積累。

三十萬年前，有一個人點起了篝火，部落裡的人於是圍著篝火坐下，大家開始唱歌跳舞，模仿某些動物或想像中的神靈。有人在交流附近部落的八卦，有人在炫耀剛磨好的一塊燧石，有人在角落偷偷哭泣，有人在默默地想念情人，大家都各有心思。一個夜晚過去了，無數個夜晚過去了，直到今天，我們依然是以這種方式度過夜晚。

篝火更像是一雙美麗的蝴蝶翅膀，依然搧動我們每個人的內心深處。

接下來，我們不妨好好說說，對於族群意識和個人情感來說，夜晚是怎樣的存在。當然，說到意識和情感，我們終於不必再說原始人類了，來說穿衣服的人吧！

現代人的洩壓閥

當人類還在平原上採集時，每天只需要工作三到四個小時。當他們成為農民後，工作時間明顯加長了，農忙時要增加到每天六個小時以上。但農閒時，也可以整個季節無所事事。

到了現代呢，我們號稱每天工作時間是八個小時，但是很明顯，我們每個人的實際工作時間都比這個長。對大部分人來說，加班是家常便飯，更別說即使下了班回家，不少人依然保持手機隨時待命，任何一通工作電話進來，都得一秒鐘切換到工作模式，不管是在吃飯，還是在上廁所。

現代社會精細的分工合作，讓每一個人各司其職，可以細分到非常微小的地步。導致每個人都不具備獨立生存的技能，必須仰仗龐大的社會體制，一旦離開了固有的位置，就失去了以往的優勢，開始變得無能。

你能想像一個金融界大亨獨自在叢林中生活嗎？他肯定比不上亞馬遜某個部落裡最弱小的男孩。不說別的，讓他去追野豬試試，那兩條只適合坐高級轎車的腿跑上二千公尺就得報廢。他在探索頻道看的那些野外生存的知識也全然派不上用場，基本都是些花拳繡腿。這個時候，不管他在華爾街多麼呼風喚雨，銀行帳戶有多少美元，都改變不了在叢林中連原始人都不如的事實。他在紐約可能左擁右抱、美女環繞，但在叢林裡，沒有一個腦袋正常的女人肯多看他一眼。

現代人類的進化給了我們很多保障，讓我們的自信心像氣球一樣鼓起來。但這些保障同時也是束縛，它帶給我們依賴性，也帶來不安全感。一旦離開賴以生存的社會位置，你會發現自己一文不值。

不要說從一個金融大亨到叢林獵人這麼大的反差，就算在同一家公司，僅僅調到不同部門，所產生的差異都可能讓你崩潰。

想像一下吧！你是一名程式設計師，每天做的事情就是和機器打交道，寫一些只有你們才懂的語言：C＋＋、JAVA、SQL……你在這個位置上做了五年，不長也不短，但足夠讓你的舌頭退化。你慢慢不知道怎麼和人群接觸，每天說話不超過二千字，多半還是「你好」、「再見」之類最簡單的交流，你更擅長用機器語言寫電腦程式，只有在這個0和1的世界裡才如魚得水。

如果這個時候，你被調到同一公司的銷售部門呢？你要見客戶、寫方案、拉訂單、參加飯局、建立關係網，你的腦袋任何時刻都要根據客戶的要求，在最短的時間裡算出報價，同時必須手段高明，八面玲瓏，見人說人話，見鬼說鬼話。

從一個程式設計師到銷售代表，也許在公司裡只有幾步之遙，但這兩個職位的差異之大，足以逼瘋你。

因為細緻的社會分工已經讓你只能存活在一個領域裡，稍微換一個環境，就會發現自己好像白痴一樣，什麼都不懂。

這是現代人不安全感的由來，他們不敢換工作，因為每一個工作都有很固化的形態。在一個位置做上幾年，基本上就和這個工作長到一起了，任何改變都需要付出巨大的勇氣和決心。

你會發現，現代人一方面對自己的處境表示不滿，另一方面卻缺乏做出改變的膽量。於是隨處可見猶豫不決而很不快活的人，他們被迫生活在某一種自己並不喜歡的狀態中，這種狀態也許是一種工作，也許是一段婚姻，也許是一個關係網。事情的起因也許是因為父母幫忙選擇了一份你不喜歡的工作，也許是因為你在結婚後才找到真愛，也許是出生在一個無法改變的家庭關係中。所有的一切都陰錯陽差，你並不喜歡，可是無法改變，於是備受困擾。

現代社會制度從某種程度上需要你犧牲一部分，甚至一大部分自我。很多人都在萬般無奈中度過自己的一生，這是現代人普遍的悲哀。

所以憂鬱症成為現代人健康的一大殺手。

世界衛生組織發布的報告顯示，截至二〇一五年，全球有超過三・二億人飽受憂鬱症的困擾，約占全球人口的四・三%，憂鬱症導致的自殺行為是十五歲至二十九歲人群死亡的第二大原因。

而據不完全統計，在中國，這個群體的總數約有九千萬人，每年因憂鬱症造成的總損失高達五一三・七億元。是不是很觸目驚心？中國的憂鬱症人口都超過法國總人口了。

憂鬱症成為一種時代病，很多徘徊在憂鬱症門外的人也有那樣的心理疾病。更多人的心理處在亞健康狀態，他們白天進行著高強度的枯燥工作，每天機械地上下班，無處可逃，而人性的本質渴望輕鬆和豐富，現代社會制度的設置恰恰與人性這一本質相悖離。有辦法排解嗎？有啊！最善於捕捉人性弱點的永遠都是商業模式。

打開電視機常常看到旅行廣告，無一例外地告訴你一個神話，就是來旅行吧！世界這麼大你要去看看！看什麼看？好像看看就能包治百病似的。電視廣告告訴你的，無非是你需要換個環境，也許不能擺脫既定生活，但是可以短暫逃離，哪怕只有三天，就足以讓你產生一種生活在別處的錯覺。

這種短時間的逃離無法解決生活的根本問題，但至少可以讓你鬆口氣，否則漫漫人生怎麼熬呢？

我們有沒有想過度假這件事從什麼時候成為生活的解藥？古時候的人才不要度假呢！如果回到古埃及，法老心情不好時怎麼排解呢？他不會跑到巴比倫晒太陽，相反，他很可能替自己修建一個巨大而華麗的墳墓，這比去別人領土上瞎溜達更讓他心花怒放。

只有在現代社會裡，度假才成為某種良藥，一種治癒系的生活方式。這是資本運作下的小把戲嗎？不是，先有了人性的需求，才有了資本的介入，永遠如此。

度假，代表的其實是一種偽逃離，完成了我們擺脫目前生活狀態的想像。人人都需要它，換句話說，我們都有病，「逃離」是種藥。

人性需要輕鬆和豐富，現代人卻生活得沉重和單一，這是無解的矛盾。愈是被束縛，愈是難以逃離，於是，逃離才成為人生的庇護所。原始人不需要度假，因為他們以採集為生，逐水草而居，他們的人生就是一場旅行。農業社會的人不需要度假，因為他們視四季而作，下雨、下雪、冬夏兩季是他們天然的休息日，他們的人生就是一場休養生息。

只有現代人，彷彿是被釘死在人生版圖上的螞蟻，忙忙碌碌，毫無出路，他們被細緻地標準化了，但他們的DNA不是這麼設置的啊！我們不厭其煩地分析現代人的生活現狀，梳理現代人的心理，其實是想讓大家看到現代經濟的導向，必須以人類需求為基礎，順應市場的實質就是順應人類本身的需求。經濟學對市場的分析，歸根結柢還是對人性和人類現狀的分析，只有這樣，我們才會真正具備市場前瞻性，把握主動。

人性渴望逃離，度假是一種昂貴的方式，更常見、更方便的則是另外一種方式，而且是被我們大家忽視的方式，那就是夜間娛樂。如果白天的工作是你存在於這個社會制度下必須履行的責任，那麼夜晚，換上輕便的服裝，卸下日間模式化的假面，帶上真實的自我，約三五好友或知心情人，潛進小飯館，坐在吧檯上，點一打啤酒，聽一曲民謠，抱著爆米花看一場電影……四處燈光暗下，你忘記老闆，忘記客戶，忘記惱人的人際關係，於是你的人生開啟了一次旅行，彷彿又回到祖先那種追逐豐美果實而四處遊蕩的日子。你可能只需要兩個小時高品質的夜生活，就可以掃去積累了一整個白天的負面情緒。

這是我們人人都可以做到的事情，不需要訂一張機票飛到日本。

夜間經濟很長一段時間被大家忽略，是因為它被誤解為單純的娛樂，是屬於年輕人的。大家覺得年輕人精力旺盛，白天的忙碌無法完全消耗掉他們的多餘能量，於是需要夜晚繼續釋放。這是一種錯誤觀念，我們必須看到夜間生活是現代人類的訴求，無論對男女老少，都有著非常深刻的社會意義，能彌補人性深處的缺憾。現代制度愈完美、愈精細，人性對夜晚的要求就愈高，夜間經濟是水面下的冰山，體積龐大到令所有人瞠目結舌。

它提供的不僅是休息和娛樂，它順應了人性，賦予人生另一個意義，在某種程度上扮演著人生庇護所的功能。所以，我們怎麼強調它的重要性都不為過。

我們愈了解人性，愈明白現代社會給了我們怎樣無解的壓力，就愈明白經濟的走向，也愈能看清楚一直以來被忽視的夜間經濟到底具有多麼大的潛能。

接下來，讓我們聊一聊夜晚對人類情感和文化的影響。

熱鬧的黑暗是人類對子宮的鄉愁

從一個逃犯的故事講起吧！

一九六三年，英國發生了最嚴重的火車搶劫案，由格拉斯哥發往倫敦的郵政列車被劫持，劫匪一舉劫走了二百六十萬英鎊的財物。在五十多年前，這可是一筆天文數字，舉國震驚。但是罪犯很快就落網了，他是來自倫敦的朗尼・畢格斯(Ronnie Biggs)。

這名江洋大盜被判在倫敦郊區的監獄裡服刑。然而意想不到的是，兩年之後，他竟然越獄逃跑了，沒有人知道是怎麼辦到的，但他就是做到了。這大概說明他有個大膽且狡猾的靈魂吧！當然，身手也不錯，之後的事情也證明了這點。

他先流竄到巴黎，請深具時尚品味的法國人幫他做整形手術，把自己整得連親媽都認不出來。之後，他在全世界逃亡，後面跟著一堆員警也無所畏懼。

一九七〇年，他流亡到巴西，在那個年代，英國和巴西尚未建立引渡犯人的相關制度。他不用擔心被強行引渡回國服刑，於是他放心了，改名換姓，娶了當地的一位美貌女子，過著神仙一樣的生活。可能實在為自己前半段轟轟烈烈的人生感到驕傲，他竟然大張旗鼓地出了自傳，還出過熱賣唱片，名利雙收過得熱熱鬧鬧。英國政府明明知道他的存在，卻完全拿他沒辦法。

但是三十八年後，也就是二〇〇一年五月時，已是耄耋老人的朗尼·畢格斯活得不耐煩了，又發出了驚人之語。

他主動要求回英國，因為他希望「在有生之年做為一個英國人，在夜幕下的小酒館裡喝一杯啤酒」。

這件事情被英國大眾報紙《太陽報》報導後，引起英國人的極大關注，一群喜歡熱鬧的英國人甚至為他提供回國機票。英國人表面看起來非常自我，孤傲冷峭，但骨子裡對個人英雄主義的推崇一點也不比愛起鬨的美國人少。

當然，員警不會理會什麼特立獨行的江洋大盜，朗尼一下飛機，就再次被捕入獄。和上一次被捕的不同是，這一次老人非常安詳，還愉快地戴上手銬。他甚至對趕來的媒體發表了一段文藝化的感慨，他是這樣說的：「以一個英國人的身分，到瑪格麗特的小酒吧去，就著昏暗的燈光，買一品脫苦啤酒——這就是我最後的願望。」感動得旁邊的員警都要集體鼓掌了。

那麼，這位有個性的老人是否真的回到他曾經去過的小酒吧，喝到夢寐以求的英倫苦啤酒了呢？

是否喝到並不重要，因為他已經用自己的方式解了相思，安撫了靈魂深處的鄉愁DNA。

故鄉對他來說，不是泰晤士河，不是聖保羅大教堂，不是大笨鐘，更不是女王伊莉莎白二世(Elizabeth II)和苦澀呆板的倫敦口音，他的故鄉就存在於夜幕籠罩下的小酒館裡，裡面有一個溫存、愛熱鬧的老闆娘，一群吆三喝四的朋友，還有肆意舒展的靈魂。

如果不這麼文藝化地表達的話，我們可以說，對於這名江洋大盜來說，鄉愁的記憶是關乎夜晚和自己的。因為在那樣的夜晚，他才遇到那樣的自己，經過歲月的洗禮，他知道什麼才是深深埋藏在靈魂深處的東西。

有的時候，夜晚如此重要，以至於我們需要漫長的歲月去鑑證它的不可取代性。

莎士比亞(William Shakespeare)在《亨利五世》中描寫了一個戰死在阿金庫爾戰役的少年，在他臨死時，莎士比亞安排他感嘆道：「神啊！如果能回到倫敦的麥酒屋該有多好！只要能活著，再喝上一杯麥芽酒，即使名譽之類的全部貢獻出去也在所不惜！」

文中出現的「麥酒屋」並非傳統意義上的小酒館，實際上是指一種夜間聚會。每當夜幕降臨時，男人們就躲在裡面高談闊論，偶爾爆發出放肆的大笑，你知道又有一個膽大妄為的計畫誕生了。

人們對夜晚有種割捨不掉的情結，這是骨子裡的DNA決定，因為黑暗在某種程度上為人類帶來安全感。這裡所說的黑暗不是寂靜的黑暗，寂靜的黑暗只會孵化恐懼和不安，這與人類在子宮裡的潛意識有關。只有熱鬧、喧囂的黑暗才能勾起人類對子宮的回憶，這是安全感的由來。

美國的斯派克醫生曾經在暢銷書《關於孩童的故事》裡，詳細描述了胎兒在母親子宮裡的狀態：那裡漆黑一片，沒有一絲光線，但是嘈雜無比，血液流動的聲音、器官蠕動的聲音、母親心跳的聲音，糾纏在一起，構成一個無比喧囂但有序的聲音世界。

這就是為什麼嬰兒剛出生時，在極度安靜的環境裡反而無法安然入睡的原因。有經驗的育兒專家會在嬰兒入睡過程中刻意製造一些有序的噪音，比如遠處吸塵器的聲音、抽油煙機的聲音，甚至熱鬧的談話聲。這一切都有助於嬰兒體會重回母親子宮時的安逸，安撫他們被白晝搞得焦躁不安的靈魂。

同樣，當嬰兒長大後會慢慢適應白晝的光亮，但溫暖而喧囂的夜晚永遠有一種神奇的魔力，給他莫名的安全感，讓他的靈魂在裡面可以盡情舒展，得到白天得不到的歸屬感。

如果不怕扯得遠一點的話，我倒也想說說關於人類起源的「水猿假說」。對人類起源的研究中，有一部分科學家堅持人類海洋起源說。他們認為，人類來自黑暗的深海。

二〇〇二年，法國醫學家米歇爾．奧登（Michel Odent）提出一個更加新穎的觀點，他認為人類和海豚的親緣關係超過了猿猴，人類的祖先是海豚。因為，人的身體表面裸露無毛，卻有皮下脂肪，這與其他靈長類動物截然不同，光潔無毛的身體與豐富的皮下脂肪更適宜在較冷的海水中生活並保持體溫。

而且，人體無法調節對鹽分的需求，需要「出汗」來調節體溫，這是「浪費」鹽分的。其他靈長類動物卻不需要靠出汗調節體溫，反而具有對鹽攝入量的控制與渴求的機制，這也說明了人類是從鹽分豐富的海洋中而來。

關於人類的起源，科學家總是呈現給我們各種說法，在最後的真相被揭開前，我們無從知曉自己到底從哪裡來，最終又將回到哪裡去。

但可以肯定的是，我們來自黑暗，也要去往黑暗。不管我們是來自叢林深處的人猿，還是海洋深處的海猿，黑暗早已鐫刻在我們的基因裡。我們潛意識裡對夜晚的依戀，似乎在告訴自己白晝是暫時的，是反常的，黑暗才是永恆的、常態的，是我們來去的故土。所以，我們個人的鄉愁，是對文化的眷戀，而整個人類的鄉愁，則是對人種起源的呼應，是對母體的依戀，這一切都在夜晚得到了最大的滿足。

夜晚的品質決定城市的魅力

對一個城市來說，夜晚意味著什麼呢？我們從一部電影講起吧！

二〇一一年，美國導演伍迪．艾倫（Woody Allen）拍了一部電影《午夜．巴黎》（*Midnight in Paris*），講一個美國人穿越的故事。

男主人公是個在好萊塢流水線上寫媚俗電影的小編劇，也算成功，有名、有利、有邀稿，沒事時可以帶著老婆和丈母娘到歐洲度假。但他也有不為人知的煩惱，對總是迎合市場寫吵吵鬧鬧的程式化電影這件事厭煩透了，他有自己的野心，想要寫文學巨著，寫流傳後世的經典劇本。

機緣巧合，他發現了一個祕密：每天午夜時，在巴黎小巷的某個轉角處，都有一輛神祕的馬車出現，車門打開，裡面有一些醉鬼召喚他，這些醉鬼穿著隨意，憨態可掬，他們的面目似曾相識。小編劇感到冥冥中有什麼在召喚他，於是壯著膽子跳上馬車，接著，發現自己被帶回二十世紀二〇年代的巴黎。

他對穿越這件事並不排斥，甚至還有些興奮，幾乎是蹦蹦跳跳地衝進八、九十年前的巴黎。因為他被帶到那個著名的小酒館，在裡面把文學藝術上的偶像幾乎見了一遍。

二十世紀二〇年代的巴黎烏煙瘴氣，全世界的牛鬼蛇神都聚在這裡。

這種說法當然是種調侃，如果在巴黎的小酒館看到海明威（Ernest Hemingway）和費茲傑羅（Scott Fitzgerald）湊在一起勾肩搭背，看到畢卡索（Pablo Picasso）躲在角落裡厚著臉皮泡妞，看到達利（Salvador Dali）因為賣不出畫而愁眉苦臉，你會覺得待在這種「烏煙瘴氣」的地方實在太幸福了，這簡直就是全天下最令人愉快的精神鴉片啊！

那個時候的紐約還是個土氣騰騰的暴發戶，巴黎才是當之無愧的世界文化之都。

評價一個城市的實力當然要看它的硬實力，看能不能在經濟和科技方面走在時代前端，二十世紀二〇年代的紐約無疑已經是全世界最富有的城市了。一戰之後，歐洲大陸幾乎被戰火摧毀，到處都是殘垣斷壁的城市和支離破碎的心靈。但紐約不一樣，它隔岸觀火，遠離炮火的洗禮，在歐洲打得一團糟時悄悄崛起，吸引大量不堪戰爭騷擾的資本和技術。

但無論多麼財大氣粗，紐約依然被當時的文人騷客瞧不起，覺得它是個土包子，沒文化。不僅歐洲人不肯來這裡，就連美國人，但凡受了點教育，買得起船票，都爭先恐後地跳上前往歐洲大陸的郵輪。

對一個城市來說，你可以富有，可以便利，可以建全世界最高的大樓，開全世界都矚目的會議，但決定品位和格局的是你的軟實力。

什麼是軟實力？概括地說，城市軟實力就是一個城市在非物質層面的競爭力。主要表現為城市對內的向心力、融合力和凝聚力，以及對外的親和力、吸引力和影響力。

對伍迪・艾倫（Woody Allen）來說，二十世紀二〇年代的巴黎就是全球城市軟實力的最佳代言人。

而這無法量化的軟實力到底落腳在何處呢？就在夜晚左岸的小酒館和小咖啡館裡。

於是伍迪・艾倫安排電影裡的主人公，在夜色朦朧的小酒館裡邂逅他心目中所有的巨匠：費茲傑羅、海明威、畢卡索、達利、馬諦斯。這些人來自世界各地，幾乎就是當時藝術界的半壁江山，但在夜晚的巴黎，你走進這間小酒館，他們整整齊齊地都在。

還有什麼比這個更能說明城市軟實力的呢？一個沒有迷人夜晚的城市是沒有溫度的，和鋼筋水泥沒有分別，這就是二十世紀二〇年代紐約和巴黎的區別。紐約的白晝更勝巴黎一籌，四處都是鮮衣怒馬的人，有錢人都在紐約揮金如土，但是夜晚呢？雖然第一個白熾燈泡在紐約誕生，但紐約夜晚的用電量難及巴黎項背。

夜晚的品質，決定了一個城市的魅力。

當你來到一個新鮮的小城，也許只是地中海沿岸一個名不見經傳的小地方，整個小鎮除了幾座中世紀的教堂外別無吸引人的去處，可能大白天的街上還有騎著自行車的飛賊，以及姍姍來遲的大肚子巡警。

整個小鎮人口不足一千，藍得發綠的天空，一塵不染的小巷，剛剛接觸時會覺得美不勝收，可是很快就被慢節奏的日常生活消磨，空得發慌的大腦昏昏欲睡。

終於到了夜晚，一個接一個的小酒館飄出音樂，不管是熱情的西班牙「薩拉班德」，還是憂傷的黑人「藍調」，抑或悠揚的法國「西昆斯」，彷彿歲月的嘆息一樣輕輕叩打你的靈魂。你知道自己找到了和這個城市最好的交談方式。風景是一個城市的皮囊，夜晚才是一個城市的靈魂。

村上春樹可以說是最懂得午夜巴黎滋味的人了。這個長相平凡的東方人，有一顆敏感而不安分的心，他的日常生活不是在寫作，就是在前往小酒館的路上，或者，乾脆就是在小酒館裡寫作。

一九八三年，村上春樹離開日本，開始在世界各地漫遊，準確地說，他開始在世界各地的小酒館裡漫遊。他去了希臘、義大利、土耳其、俄羅斯，還有中東。一個地方值不值得多待幾天，取決於這個地方是不是有間有意思的小酒館。

這個日本人曾經說過：「一個城市如果沒有小酒館，就不算一個真正的城市。」他的寫作也永遠離不開爵士樂、搖滾、菸、酒、貓。每一樣都讓人想起溫存的夜晚。在這些小酒館夜晚的交織下，一個氣質內斂的日本男人變成我們熟悉的村上春樹。

沒有一個作家像他這樣痴迷於夜晚的城市，吸引他的不是燈紅酒綠，車水馬龍，而是文化意義上的釋放。從這個層面來說，城市只分為美麗和平淡兩種，不存在巴黎、東京或紐約的分別。

二十世紀九〇年代，英國曼徹斯特市制定了文化戰略研究報告，他們非常鮮明地宣稱：「二十一世紀的成功城市將是文化城市。」前倫敦市長肯尼斯・李文斯頓（Kenneth Robert Livingstone）在當選之日對選民說過：「我的願景是把倫敦建設成為榜樣式的、可持續發展的世界級城市，而倫敦文化發展對於實現這一目標至關重要。」

時至今日，當經濟高速發展已成為全球城市發展的共識時，愈來愈多人也意識到，一個城市勝於其他城市的魅力所在，是它的文化。

而你很難相信一個夜晚使一般寂靜的城市擁有文化。

文化是風情，如美麗女子，白天她小衣襟，短打扮，奔走在職場，沒有性別地投入到滾滾紅塵之中，彷彿置身戰場。只有在夜晚，她才烈焰紅唇，裙裾飄飄，盡情綻放，風情萬種。

看一個城市，要看夜晚，一個夜晚不美麗的城市，是沒有靈魂的。

第二章

夜晚與技術——

從電氣革命到網際網路浪潮

經濟學上的新軸心時代已經到來了，創新成為軸心中的軸心，不僅是技術上的創新，也包括觀念上的創新。從這個意義上來說，我們這本書要討論的夜晚和白天沒有分別。甚至，夜晚創造的GDP是完全可以和白天相互抗衡。

三個「普羅米修斯」帶來電

人類對夜晚即使有如此割捨不掉的情結，但夜晚一直以來就是神祕的、被埋沒的，根本無法被盡情利用。它隱藏在厚重的面紗之後，沒有人能看清真面目。太陽隱去，黑暗降臨，人類的眼睛就好像被蒙上一層黑布，伸手不見五指，根本無法享受夜晚，更別說親近了。

人類擁抱黑夜，離不開技術的支援。第一個技術支援是電氣革命，電燈的產生讓黑夜和白天一樣明亮，無疑開啟了人類的另一雙眼睛。而現代的科技革命，是第二次技術支持，它讓黑夜和白天一樣活躍，充滿各種可能性。

我們不妨介紹一下這兩次革命，看看它們是如何拉近我們和黑夜的距離。

我們有熊熊燃燒的篝火，之後，還有了蠟燭、煤油燈、鯨油燈，但這些照明工具的品質堪憂，作用十分有限。它們發出的光昏暗、孱弱、搖擺不定，任何一個人在這樣的燈光下待久了，都會有昏昏欲睡的感覺。而且還不好控制，稍不留心就會讓人燒傷、燙傷，甚至引起火災。

一方面，人類在昏暗的燈光下，借助瑩瑩之光，一點點增加夜晚的利用率；但另一方面，燭火並非完美的小太陽，它們是一群不好馴服的小野貓，一直不能稱心如意。這是半成品的夜晚。可是，這一切都因為電燈而改變了。

電燈的到來，就像鐵路和電報一樣，明顯地改變了億萬年來時間和空間的一貫節奏，夜晚一下子揭開了她的神祕面紗，露出藏在下面的絕色容顏。英國小說家羅伯特・路易斯・史蒂文森 (Robert Lewis Balfour Stevenson) 曾經飽含深情地寫道：

> 一個社會性和公眾性享樂的新時代開始了，普羅米修斯的工作又被大大地推進了一步，人類的晚宴不再任憑幾英里的海霧所擺布，日落後人行道上也不再空曠無人，白天隨著人們的意願而延長了。城裡人有了他們的星星，聽話的、家庭化的星星。看到人們如此與日月爭輝，真是讓人高興。

你看，對我們來說司空見慣的東西，在其誕生伊始是那麼令人激動，小說家都快語無倫次了。

而電燈不是橫空出世，它是在人類對科學孜孜不倦的探索中，一點一點被發明、被運用的。

這個時候，我們不妨把眼光放得遠一些，從電的發現說起吧！

中國神話傳說中有雷公和電母，他們是夫婦二人，掌管天庭雷電。據說雷公的視力很差，幾乎看不清東西，所以他的夫人電母只好寸步不離。她是個捧著大鏡子的婦人，每當雷公準備打雷時，電母都要舉起大鏡子，先行探照，一道閃電過去，人世間的是非善惡都清清楚楚。雷公借助這點光明一下子看清目標，迅速出手，一個炸雷，壞人就被劈開了。電是多麼重要，如果沒有先行的這點光亮，雷公劈死誰就是個說不準的事情了。

當現代科學帶來電能概念的時候，中文用「閃電」中的一個字來命名，稱它為「電」。英文的「電」(electric) 是來自什麼呢？很明顯不是來自閃電，英文中的「閃電」(lightning) 的詞根是「光」(light)，而「電」的命名則來自希臘語中的「琥珀」(electron)。

西元前六百年，古希臘傑出的哲學家和天文學家泰利斯 (Thales) 觀察到一個現象，當他用一塊布快速摩擦琥珀時，這塊橘黃色的寶石似乎有了魔法，周圍那些輕的物體，如羽毛、稻草或葉子都向它飛過來，黏在琥珀上面，然後又輕輕離開、飄走。

琥珀這一刻有了磁石的性質，但是很明顯，琥珀不是磁石。

泰利斯是個有好奇心的人，雖然沒有做進一步的研究，但他饒有興趣地把這一現象記載下來了。

正是因為有了這麼一條遠古的記載，大約二千年後，現代科學在發現了「電」，決定追本溯源，用「琥珀」的名字來命名。

在電學研究源頭上，站著三個巨人，他們分別是威廉·吉爾伯特 (William Gilbert)、馮·格里克 (Otto von Guericke) 和斯蒂芬·格雷 (Stephen Gray)。

一六〇〇年，倫敦出現了一位備受尊敬的醫生兼哲學家威廉·吉爾伯特，他是女王伊莉莎白一世的御醫。那個時候，現代醫學還沒有起步，醫生的主要功能和剃頭匠差不多，只要會使刀。不同之處在於，剃頭匠用刀來刮頭髮，醫生用刀來放血。因為面對的情況更加複雜，醫生還要學會用篤定的態度來幫病患做一些心理上的疏導，於是大部分的醫者都通巫，要神神道道的才是名醫。

這一傳統直到今天也不曾被完全拋棄，就算是中醫，也多半精於此道，診脈這一件事就有玄學的道理在裡頭。因為人本身就是精神和肉體的雙重系統，不能抓一手放一手，實在不行了，就把一切都推給冥冥中的神祕力量，中醫會說：「人有壽限，閻王有個小本子，請您節哀順變。」西醫會說：「親愛的女王陛下，請您向萬能的上帝祈禱吧！這個最管用了。」

吉爾伯特醫生無疑具備樸素的科學精神。他受困於時代的局限性，沒有辦法在醫學上做出劃時代的成就，雖然成為女王的御醫已經是了不起的成就，而且他還當上了皇家醫學院的院長，一輩子衣食無憂。但是吉爾伯特醫生並不滿足，他利用大把的閒置時間，做了另一件事情，什麼事情呢？他命名了「電」。

當時英國海域遼闊，是海上強國，女王伊莉莎白一世雄才大略，要求臣屬積極開腦洞，想想怎麼才能開發出和葡萄牙和西班牙抗衡的海盜掠奪系統。大英帝國也想欺行霸市啊！所以一大批科學人員投入改進航海技術的大業當中。

吉爾伯特醫生閒暇之餘也致力在研究地球磁場，還有指南針導向的理論。得益於女王陛下身體健康，不需要醫生，他有很多時間做科學實驗，重複了泰利斯的琥珀試驗，進一步發現琥珀、磁石和各種物質的奇異吸引力。他發現除了琥珀之外，玻璃、水晶石、硫磺、蜂蠟和一些礦石，在經過摩擦後都可以帶電。

正是這位醫生造出了「電力」(electric)這個詞，他非常文藝地借用了希臘語中的「琥珀」(electron)一詞，讓「電」在誕生的那一刻起，就具備了透明、平安、漂亮的屬性。雖然現在我們知道，電的能量巨大，是隻猛獸，絕沒有琥珀那麼易於把玩。

吉爾伯特醫生在電學領域的重要突破和貢獻是，他發現除了琥珀之外，大量的堅硬材料在摩擦後都能夠帶電。

今天看來，這是非常簡單的道理，但在科學的源頭，這是劃時代的發現，因為這說明電是可以產生的。

電不再是電母拿著可疑的大鏡子在天上懲惡的工具，也不是萬神之王宙斯獨享的神功，相反，電是可以被產生、被製造的。只要有一塊琥珀，擦一下，你就是電母了。聽起來，人如上帝一般，可以製造電了。

吉爾伯特醫生之後，下一位普羅米修斯是一位市長閣下。

此時距離吉爾伯特醫生發現電是可以產生的已經過了半個世紀。馮・格里克市長出現了，他是神聖羅馬帝國一個小城市馬德堡的市長。他勤勤懇懇，但運氣不大好，接手馬德堡時，這個小城市已經千瘡百孔。一六三一年，瑞典人把它夷為平地，於是，這位兢兢業業的市長致力於重建這一被蹂躪的城市。

可想而知他的壓力有多大，平常沒事時，就靠鑽研天文學替自己解壓，這給了他無窮的平靜和樂趣。

他用硫磺球做了一個地球儀，像嬰兒的頭那麼大，把它放在一個堅固的木製框架上，用一個附帶的手柄讓其旋轉。當這個旋轉的硫磺球受到摩擦時，就成了一個帶電體，並且能吸引，繼而排斥許多重量輕的物體，典型的是羽毛。

這位頑皮的市長非常喜歡做的事情就是拿著一個旋轉的地球儀和逗樂客人。他邊走邊旋轉地球儀，用它來穩穩地推著前面的羽毛，直到把羽毛引向客人，黏到他的鼻子上，然後市長和客人都開懷大笑，藉此打發無聊的時間。

當市長的硫磺球快速轉動時，大家發現它竟然還發起光來，甚至噴射出火花。

這個著名的地球儀試驗證明了一件事，就是人類能夠創造出相當數量的電。

雖然這個時候人們連正負電荷都搞不清楚，更別說發現電的本質奧祕了，但這也是電學研究的一大進步。直到十八世紀早期，人類用來做實驗或消遣時，用的基本電源，都是一個類似地球儀的東西。

一百多年後，另一位承先啟後的人物登場了。他就是第三位普羅米修斯——英國人斯蒂芬．格雷。

格雷先生出生於一個染匠之家，他酷愛天文學，並決定把它做為自己的畢生愛好。於是，他一邊從事著染匠的工作，一邊研究天文學。他是個認真勤勞的人，染了不少布料，也發表了不少天文學報告。

劍橋大學的教授們驚嘆於這個不知道從哪冒出來的染匠，竟然不停地發表天文學報告，而且堅持很多年。教授們被他執著的探索精神打動，終於在格雷先生四十一歲時，讓他去三一學院的天文臺上班了。成為知識分子、不用再染布的格雷非常開心，全身心地投入到有關天文學和航海術的探索當中。

一七二九年，他開始研究能將「電流」送出去多遠的問題，雖然他也不知道這到底有什麼用。實際上就算到了富蘭克林在天上放風箏時，人類也不知道電力到底能做什麼。只是憑藉著對真理的渴望、對自然的好奇心，苦苦奔波在發現電力的道路上。人類就是覺得電的真相就在不遠的前方，必須找到，僅此而已。即便富蘭克林放完風箏，激動萬分地寫下自己的發現時，也不忘提一筆：「雖然很令人激動，但是這玩意兒到底有什麼用啊？」

但沒有人停下追尋的腳步，因為人類對科學的追求源於他們的好奇心和求知欲，是本能的驅使，與實用主義並無直接關聯。

一七二九年，格雷先生開始研究導電材質。他用一根帶電的玻璃管測試了許多物質，發現用作普通包裝繩的金屬絲導電效果最好，可以把電傳輸五十二英尺（約十六公尺）。之所以不能傳得更遠，是因為實驗場地不夠大。

一七二九年六月，他去了一個富有的朋友家做客，這位有錢朋友的莊園地處鄉下，有非常空曠的院子，這是絕好的實驗場地，格雷在這裡把電傳到一百五十六英尺（約二百三十公尺）那麼遠。格雷被這一結果鼓舞著，有條不紊地開始測試其他物質的導電性能。

在測試的過程中，格雷還發現一個現象：如果懸掛起一根由絲線穿過兩端的鐵棒，並與一根帶電玻璃管接觸，它會短暫地釋放出圓錐形的光，就是電火花。這可是一個令人吃驚的結果，格雷進一步猜測，強烈的電火花所發出的聲音，與雷電產生的聲音並沒有什麼不同。

但這些試驗和格雷之後的實驗相比都弱爆了。因為接下來，格雷做出了那個著名的、令人難忘的，也被人們津津樂道了好多年的實驗，證明了人體是可以導電的。這就是大名鼎鼎的「帶電男孩」實驗。

一七三〇年四月八日，格雷搞了一場實驗秀。他製作了一個牢固的木架，用結實的絲繩吊著一個重四十七磅（約二十一公斤）的男孩。男孩全身被不導電的布料厚厚包裹著，只露出頭、手和腳趾，伸出的一隻手握著一根短棍，上面懸掛著一個象牙球。這個大無畏的男孩大概是修道院資助的學生。

當格雷從後面用一個帶電的玻璃管或小瓶觸碰男孩裸露的手腳時，電就會傳導到男孩的頭部。所有人都看到男孩的頭髮根根豎起，好像拚命生長的小草一樣。與此同時，在男孩身下的三堆如羽毛一樣輕的銅片，升起來，又落下去，像三團美麗的雲。

因為當時能夠產生的電能還非常有限，所以參與實驗的人都活得好好的，沒有發生意外。

格雷用實驗證明了人體可以導電，如果一個人以這種姿勢站在一塊導電材料上，就會發出明顯的電火花，並產生電擊的感覺。

但這些實驗和發現有什麼用呢？其實並沒有什麼用。除了被喜歡獵奇的人用來給女士送上「帶電的吻」，或者愛開玩笑的法國主人將金屬絲纏在餐椅上，讓客人一邊享受輕微的電擊，一邊驚詫地發現自己的叉子上竟然有電火花。這都是當時貴族圈裡的時髦小把戲。幸好那個時候高電壓的交流電還沒有被發明，微弱的電流剛剛夠人們做些無傷大雅的惡作劇。

電到底有什麼用？只是我們的娛樂調味品嗎？只是我們生活的小點綴嗎？這個能量巨大的怪獸，僅僅被用來一些小把戲的調趣，難道不會太可惜了嗎？

電如何派上更大的用場？我們來談談下一個重要的歷史飛躍吧！

留住電，照亮夜

格雷先生的「帶電男孩」實驗讓整個歐洲大陸目瞪口呆，當時整個歐洲正處於啟蒙時代，哲人和學者們都專心致志地觀察著周圍的自然世界，提出一個又一個理論，解釋那些過去一直被認為是理所當然的、沒有引起重視的或只用神力和魔力去解釋的現象。

人們從吉爾伯特醫生那裡知道了電的存在，從格里克那裡學會了製造和操作能更有效產生電的發電器，從格雷那裡知道了哪些物質是導電的，電可以傳輸多遠。

這個時候大洋彼岸另一個才華橫溢的學者對電能也產生了濃厚的興趣，他就是偉大的班傑明．富蘭克林(Benjamin Franklin)。

一七四六年的春天，富蘭克林寫信給朋友說：「我從來沒有對任何研究這麼投入過，最近，我把全部精力和時間都傾注到對電的研究中。」

富蘭克林當時四十歲，對自然科學有著異乎尋常的熱愛。他留著棕色的披肩長髮，穿著平常的馬褲和長外衣，喜歡一切與自然科學有關的研究。他是如此痴迷，以至於把自己的小房子變成了電的展示廳，同時也是他的印刷廠、圖書館和實驗室。

好奇的鄰居和路人常常擠在他家的窗戶上，觀看富蘭克林用快速旋轉的玻璃圓筒來產生電，以及捕捉那些閃爍跳躍的電火花。他還用輕巧的鐵絲做了一個小蜘蛛，把它放到電場裡就會轉圈跳起舞來，就好像活的一樣。

富蘭克林第一個宣稱：不同類型的電並不存在，就好像眾人所相信的那樣，只有一種基本的、帶有正負極的電流。

和以前的哲學家一樣，他還推測閃電沒有什麼神祕之處，就是大量的電擊。但是怎樣才能證明呢？富蘭克林想到一個大膽的法子。

在一個電閃雷鳴的天氣裡，那個著名的實驗上演了。他領著兒子在傾盆大雨中放風箏，這是一個用絲巾做成的簡單十字風箏，在頂端黏著一根金屬絲做為導體，底部則繫上一根麻繩並連著一根絲帶（已知不導電），在麻繩和絲帶的連結處，掛了一把金屬鑰匙。

他把風箏高高地放在電閃雷鳴中，任憑它在狂風暴雨中飄搖。他躲在一旁觀看，發現原來鬆弛的麻繩向上伸直不斷繃緊，好像帶了電一樣，小心翼翼地伸出手指去觸碰那把鑰匙，這時，他看到一個清晰的電火花。真是幸運，這次雷電沒有直接擊中他的風箏，所以富蘭克林可以活蹦亂跳地回來發表觀察結果。

一年之後的瑞典科學家格奧爾格．里奇曼（Georg Wilhelm Richmann）就沒有這麼好的運氣。他在雷陣雨中舉著一根電極站在高處，然後毫無意外地被雷劈中，當場死亡，成為電學實驗中第一個為科學獻身的人。

在那個炎熱的夏末下午，當富蘭克林的風箏在傾盆大雨中搖曳直上的時候，他有了製作避雷針的想法。雖然後世的人們總是在懷疑，風箏實驗是不是真實發生過，就和懷疑華盛頓是不是砍過櫻桃樹一樣。歷史故事總是充滿了似是而非的演繹，但毫無疑問的是，富蘭克林發明了避雷針。

翻開人物辭典，你會發現對富蘭克林的評價是這樣寫的：

班傑明．富蘭克林，美國政治家、物理學家，同時也是出版商、印刷商、記者、作家、慈善家，更是傑出的外交家及發明家。他是美國獨立戰爭時重要的領導人之一，參與了多項重要文件的草擬，並曾出任美國駐法國大使，成功遊說法國支持美國獨立。他也曾進行多項關於電的實驗，並且發明了避雷針，最早提出電荷守恆定律。他還發明了雙焦點眼鏡、蛙鞋等。班傑明·富蘭克林被選為英國皇家學會院士，他還是美國郵政局首任局長。

他多才多藝的本事都快趕上達文西了，法國經濟學家杜爾哥 (Turgot) 曾這樣評價過富蘭克林：「從蒼天那裡取得了雷電，從暴君那裡取得了民權。」

這句話極好地概括了這一偉大人物在自然科學領域和政治上的貢獻。由於富蘭克林的傑出實驗，同時代的電氣工程師們清楚地知道了閃電就是電，和人們用發電器產生出來的一樣。富蘭克林一時成為顯赫人物，走到哪裡都有粉絲圍繞。但是富蘭克林卻很謙虛地懊惱著：「真遺憾，迄今為止，我們還沒有在這方面創造出什麼對人類有用的東西。」

富蘭克林的研究讓人們看到曙光，激勵著成百上千的科學家投身到電力研究中，他們之間就有來自帕維亞的物理學家亞歷山卓·伏特 (Alessandro Volta) ——他發明了電池。

伏特是一個沒落貴族的兒子，他總是很嚴肅，鬍鬚修剪得乾淨俐落，一頭黑髮稀薄凌亂。自從加入了倫敦聲名赫赫的皇家學會後，他一直有條不紊地對各種不同的金屬進行測試，並用那靈敏度很高的驗電器測試它們的電荷，由此確定是正的還是負的。

根據仔細觀察到關於材料是否導電的知識，伏特將一對對一英寸寬的銅極片和鋅極片堆集組合起來，再一片銅、一片鋅地交叉疊放，之間用一片被鹽水浸泡過的布或紙板隔離開。

當這些極片互相連接時，銅極片會釋放出電子到浸有鹽水的布上，鋅極片則從這同一塊溼布上獲得電子。當鋅溶解時，銅片表面會生成氫氣，結果是電荷沿著導線直接以持續不斷的電流形式傳出來。

這個電化學反應產生的是穩定的人造電流，就是最原始的電池雛形，傳輸的是連續、穩定的電荷。

伏特稱他的電池「可以不停地工作，電荷在每次爆發後可自行重新產生」。實際上，當伏特電池的含鹽液體乾涸，或者金屬全部溶解後，電池也會停止供電。但這個電池已經是開拓性的成果了，全歐洲和美國都嘖嘖讚嘆，誰也沒見過這樣的東西。同時代的人形容這個電池「是人類之手製造出來的，除了天文望遠鏡和蒸汽機之外，最了不起的設備」。

而人們也將電壓的單位以「伏特」來命名，透過這種方式永遠記住他。

後來伏特變得著名、富有，大概就此懶惰下來，在進一步改進電池或其他電學領域中，再也沒起到什麼重大作用了。

但是其他的科學家爭相建造更大、更強、更持久的電池。這時，一段小插曲出現了，電燈（技術意義上的）出現了。

漢弗里·戴維（Humphry Davy）是一名年輕的化學家，英俊瀟灑、精力充沛，製造了一個足夠大的伏特電池，用以進行電學的研究。在他的研究中，最令人驚嘆的是弧光燈。

一八〇九年，戴維做出了一生中最精彩的演示。他手舉兩根做為導體的碳棒，將一根碳棒與強大的伏特電池相連。當電由第一根碳棒傳導出來時，戴維將這根碳棒與第二根碳棒的頂端相連，一個耀眼的電火花閃現在兩點的相接處。令在場的人們目瞪口呆的是，當他將這兩根碳棒稍稍拉開時，火花變得更大了，而且電就在兩根細長碳棒之間的炫目弧光中傳送著，藍白色的光直到碳棒耗盡才消失。

日後商用弧光燈的誕生就脫胎於戴維的這次實驗，但這個時候還沒有支持弧光燈的經濟有效的電池，所以弧光燈的誕生還要再等上一段時間。

我們繼續說電學研究。到了一八二〇年，又一個跨時代的發現躍到人們眼前：電流產生磁場的理論被發現了。

一天，四十三歲的漢斯．克里斯提安．厄斯特 (Hans Christian Ørsted) 用伏特電池準備為班上學生做電學演示，無意中發現桌上的指南針在胡亂搖擺，當他把導線靠近指南針時，指南針的反應就更加劇烈，瘋狂搖擺，好像附近有一個強力磁場一樣。

眼前的這一幕讓厄斯特教授留下深刻印象，這堂課結束後，他開始研究其中的奧祕。同年，厄斯特教授用拉丁文發表論文，向全世界宣稱，電流不僅可以產生磁場，還可以借助這個磁場產生力。

這篇論文在歐洲的反響很大，大家紛紛發出又一個天才誕生的感嘆。

但巴黎的數學教授安德烈－馬里．安培 (André-Marie Ampère) 卻不這麼認為，他對厄斯特的實驗持懷疑態度。安培認真地重複厄斯特的實驗，發現原來自己懷疑錯了，厄斯特是對的，電流的確能產生磁場，而且磁場的強度隨著電流強度的提高而加強。

這時另一個重要人物登場了，他是一位化學家的助手，年輕、英俊、溫柔，更像是一位浪漫詩人，他就是麥可．法拉第 (Michael Faraday)。

法拉第出身貧寒，生在一個鐵匠之家，十二歲就結束了早期教育，替一個書本裝訂工當了七年學徒。一個好心的顧客送給他化學講座的聽課證，從此年輕的法拉第走上了科學研究道路。從法拉第後來對人類做出的貢獻來看，這位好心的顧客簡直就是上帝。

開始科學研究後，法拉第展現出在自然科學領域的卓越才華，三十二歲時已經是英國皇家協會的會員。僅僅一年後，也就是三十三歲時，他被任命為英國皇家學院的實驗室負責人。有才華的人很多，像法拉第這樣有才華還很努力的人卻很少。

同時代的人評價他時用的措辭是：「他將堅強的意志力和完美的靈活性結合起來，他的驅動力就像一條河，把力量和方向結合起來，並兼有適應彎曲河床的能力。如果他主攻一個課題、等待結果，絕對有能力保持自己的頭腦清醒。」

這是一個精力旺盛的科學家，他仔細研究了厄斯特和安培的實驗，經過多年的探索，他發明了世界上第一臺發電機。

他將一個簡易的銅製圓盤安裝在軸上，使其可以在一塊有兩個相反磁極的永久磁鐵之間旋轉。銅盤的一側有一根導線通過那根軸連接到一個檢流計上，同時另一根導線從檢流計連接到一個金屬導體上，這個導體對著銅盤邊緣，也被銅盤支撐著。當銅盤旋轉時，擾亂也改變了磁鐵的磁場，這個時候一個連續的電流產生了，檢流計明確地捕捉到它。

法拉第在當天的實驗室日記中寫道：「因此在這裡證明了通過一個變化的磁場，可以在一個封閉的回路中產生電流。」

一八三一年十一月二十四日，法拉第在發給英國皇家學會的論文中描述了自己的發電機，和所有偉大的科學家一樣，他非常謙虛，形容劃時代的發明——世界上的第一臺發電機是「一個新的發電機器」。厄斯特證明了怎麼用電來產生磁，而法拉第則展示了電磁效應的另外一面，甚至是更為神祕和重要的一面——怎樣用磁來產生電。不可思議的是，當時誰也沒能預見到那非同尋常的意義，因為沒有誰能想到這就是現代電氣工業的基石！

伏特發明了電池後就停滯不前了，而法拉第在接下來的十五年裡，在電學研究中繼續突飛猛進。他進一步闡述了有關電磁感應的磁力線和電流、磁場和穿過磁場的運動之間的互相關係。他還闡述了電的電化學本質，解決了長期有爭議的問題，即由閃電、電池和發電機產生的電是否具有相同的屬性，結論是肯定的，它們確實相同。

同時代的傳記作家這樣描述法拉第：「他的多才多藝、獨創性、聰慧、想像力和充足的耐力，實在令人敬佩。」

弧光燈升起夜晚的太陽

對電的探索一直沒有停止，與此同時，城市照明工具也在進步。時代在發展，不知不覺中，廉價方便的煤氣燈取代了鯨油燈和蠟燭，成為都市住宅、辦公室和一些工廠的照明設備。

煤氣經由地下管線，從中心氣站輸送到大樓和人行道，因為原理同水管一樣，所以一旦煤氣管道鋪設完畢，沿線的煤氣燈就可以被輕而易舉地架設，很快地煤氣燈開始在大城市裡普及。

煤氣燈取代了由來已久的油燈和蠟燭，更方便、更明亮。但發明家和企業家並沒有滿足於此，他們更加努力地尋找新的技術，因為煤氣燈的缺點也顯而易見：第一，每一個煤氣燈都必須單獨點燃、熄滅；第二，它的光芒不夠穩定；第三，煤氣燈與蠟燭在形式上本質並沒有不同，只是燃料不同，還是以火焰的形式產生光芒，這在炎熱的夏天尤為難以忍受，誰也不想在炎炎夏日裡生幾個這樣的火盆；第四，煤氣燃燒過程中會產生微量的氨、硫和二氧化碳，時間長了不僅明顯地燻黑了燈罩，也汙染了室內環境，如果房間狹小、人多擁擠，空氣很快會變得渾濁、缺氧。

電氣研究進步後，人們打起了弧光燈的主意。弧光燈明亮、乾淨，光芒覆蓋範圍廣，科學家們苦思冥想，難道就沒有可以實際應用的方式嗎？

英國人用大電池建造了幾個獨立的、偏僻遙遠的弧光燈照明房，不服輸的法國人也積極實驗。

事實上，人們已經相信只要持續努力，夜晚的太陽必將升起，這個太陽是那樣的逼真，以至於小鳥也會從沉睡中醒來，在人造光中歡唱。

電力產生的弧光燈的光譜確實與日光很相近，柔和且穩定，與煤氣燈、油燈或蠟燭所產生的閃爍搖曳的燈光有著根本的不同。不過要使弧光燈能夠商用，必須具有更簡單、更完美的設計，更關鍵的是需要一臺實用的發電機。如果用電池的話，這不是一個可取的解決方案，因為這意味著成本將比蒸汽機發出的電高上二十倍，用腳趾頭都能算出並不經濟，根本沒有辦法和已經普及的煤氣燈競爭。

發明出一款真正實用的發電機，這才是人造燈光脫穎而出的關鍵。

終於，一個真正實用的發電機出現了，當時距法拉第演示劃時代的「發電器」已經過了三十五年。這期間，很多科學家和發明家將自己的聰明才智投入其中。但最終獲得成功的是比利時工程師齊納布．格拉姆 (Zénobe Théophile Gramme)。他設計出功能強大的直流發電機，而且同樣重要的是，他又發明了電動機。

有了格拉姆的發電機，弧光燈應用的時機也就成熟了。一八七六年，俄國軍事工程師帕維爾．亞布洛奇科夫 (Pavel Yablochkov) 做出了一個商用燈具，被大家稱為「亞布洛奇科夫蠟燭」，發出來的弧光比早期強烈的光柔和多了。這個「蠟燭」配有兩根高高的、被一層陶瓷隔開來的細碳棒，既絕緣又相連。不用機械操作，一旦開始，碳棒就會持續燃燒，直到燒盡。每一根碳棒大約可持續兩個小時，但一串碳棒就不一樣了，一根接一根串起來，一根燒盡時，下一根就被自動點燃。「亞布洛奇科夫蠟燭」比傳統的弧光燈有優勢，因為它進行接力賽，可以運行十六小時之久。

儘管有很多優點，但早期的弧光燈用起來還是比煤氣燈困難許多，因為它太刺眼了，所以只適用於面積大的場所，比如廣場、大道、百貨商場、火車站、馬戲場、建築工地、碼頭和工廠等。這些弧光燈需要豎起特殊的塔形電極，以便讓強烈的光線不會影響視覺，畢竟沒有人希望點個燈就把眼睛搞瞎。

弧光燈的缺點顯而易見，有人陰陽怪氣地吐槽弧光燈說：「這根本是荒謬的、不可思議的，看看它們對眼睛的害處吧！簡直就是一個製造噩夢的燈！像這樣的燈比較適合用來照亮謀殺場地，或者精神病院的走廊，這是一個製造恐怖的燈。看它一眼就會轉而愛上煤氣燈，在它的陪襯下，煤氣燈顯得那麼可愛，因為它給人們溫暖如家的感覺。」

但是，法國政界人士和商界人士並不同意這個看法，他們才不理會這些保守主義的陳腔濫調呢！是時候擁抱新技術了，科技的腳步什麼時候被阻擋過？特別是喜歡標新立異的法國人，他們毫不畏懼地架設弧光燈。到了一八七八年，長達半英里（約八百公尺）的最高貴的劇院大道也被弧光燈照亮了。被照亮的還有巴黎其他的主要場地，包括羅浮宮和夏特雷劇院。

一位訪問巴黎的遊客為弧光燈富麗堂皇的明亮色彩而傾倒，他驚呼：「整個街道，連最高的屋頂，都被一片光柱照得通明，這街道就像歌劇中某個壯麗的演出場地。」

遙遠的大洋彼岸，愛趕時髦的美國人也不甘示弱。科學家和商人們對弧光燈產生了濃厚興趣，在「亞布洛奇科夫蠟燭」問世之後，美國人就開始各種較勁，致力於推出某種可與之相媲美的燈光。競賽開始了，人人都激動萬分，希望找到能夠照亮黑夜的最完美燈光。北方的商人們首先改進了弧光燈系統，一八七六年，在費城舉辦的世界博覽會上，很多著名的展品亮相了，其中有一四○○馬力的科利斯蒸汽機，還有愛迪生（Thomas Edison）令人眼花繚亂的最新式電報機。

來自美國康乃狄克州的銅廠老闆威廉・華萊士（Villiam Vallace）展示了他設計的三種弧光裝置，電能是由美國人設計的第一臺發電機提供。這一設計吸引了很多人的目光，其中包括來自賓州大學的喬治・巴克（George Barker）教授。這位教授也許對電氣科學並不了解，但他有一個特殊的身分，他是愛迪生的摯友。

巴克教授被華萊士的弧光燈閃得激動萬分，莫名感到一股衝動，覺得自己有責任讓一個人參與歷史了。

這個人就是愛迪生。

電燈為不夜城插上翅膀

這一時期的美國，弧光燈的主要製造者除了華萊士之外，還有一位年輕的化學家——查理斯．布拉什（Charles Brush）。他搶在華萊士前占領市場，一八七八年秋天，他已經在波士頓百貨公司的服裝商店裡裝上了嘶嘶作響的、閃瞎眼的弧光燈。

這個時候的愛迪生對電燈並不感興趣，他的全部精力還放在發明電報機上。但是他的老朋友巴克教授確信，對愛迪生來說，電力照明將是另一個有研究成果的領域。巴克教授先寫信給愛迪生，送去大量有關人造光的最新報告，希望激發愛迪生的興趣，但他明顯不為所動。

於是巴克教授親自上門「騷擾」。一八七八年九月八日，這天是星期日，巴克教授陪愛迪生到華萊士的大型黃銅製造廠。天氣非常寒冷，愛迪生、巴克，還有一位《紐約太陽報》的記者一起在獵獵寒風中下了火車。

這是愛迪生第一次有機會親眼看到華萊士著名的八馬力蒸汽發動機，這臺機器能同時點亮八盞弧光燈。愛迪生一見為之傾倒、欣喜若狂，從機器到燈，又從燈到機器，來回跑著。他平躺在桌子上，像個天真的孩子，腦袋也不閒著，飛快地做出各式各樣的計算。

他估算了機器和燈的功率，傳輸過程中可能的損耗，用這設備分別在一天、一星期、一個月、一年裡能節省的煤的數量，以及批量生產可節省的煤的數量。

巴克教授的計謀得逞了，愛迪生確實瘋狂了，為人造光源痴迷不已。

愛迪生對他的競爭對手華萊士說：「我相信，我會在電燈製造上擊敗你，我覺得你的研究方向不正確。」

華萊士是個性格溫和的人，很討人喜歡，雖然他已經研究弧光燈很多年，比愛迪生更了解該領域，但他還是伸出手來，和愛迪生握了一下，表示「我們不妨就比試一下吧」。

愛迪生的工作室成立於一八七一年，位於紐澤西的門羅公園，那裡是一處安靜、田園般的所在。愛迪生充滿雄心壯志，他計畫「十天一小發明，半年一大發明」，全身心地投入創造發明中，在他的生活裡，除了工作沒有別的。他在門羅公園工作室夜以繼日地工作，冥冥中似乎有個聲音在鼓勵他製造出更好、更實用的電燈。

愛迪生的工作熱情很高，為這個新領域裡可能發生的事情而激動不已，他是這麼認為的：「這就是擺在我面前的一切，我看見的東西並未走得很遠，我還有機會。我看到那些已經做完的東西，從來沒有過實際效益。因為這些強烈的燈光沒有被細分，所以也不適合家用。」

愛迪生是個對時代脈搏把握特別準確的人，在測試華萊士的弧光燈時，他已經領悟到華萊士的發電機雖然有巨大潛能，但同時又限制了弧光燈的亮度。所以誰能造出最好的電弧燈系統，誰就有機會從煤氣燈那裡搶走一〇％的街燈生意；如果有人能夠優化這種燈，讓它進入室內，並變成真正柔和的光，而且只用一臺發電機帶動，這個人就是真正的普羅米修斯，是為人類造福的劃時代巨人。

一場用電照亮家庭和辦公室，以及替新工業社會的機器尋找動力的競賽，已經在美國，不，是在全世界開始了。

愛迪生出生在美國的一個普通家庭，他的父親沒有固定工作，當過售貨員，做過房地產，進過卡車工廠，母親則是一名普通的家庭主婦。愛迪生小時候沒有受過什麼正規教育，只從曾做過教師的母親那裡學到有限的知識。

但他從小就有旺盛的求知欲，愛別出心裁，沒事就喜歡擺弄機械，還喜歡琢磨化學實驗。他曾在做實驗時意外地引發了一場爆炸，差點把房子炸飛。

十三歲的時候，愛迪生成為大幹線鐵路公司的報童。他工作努力，不斷進取，當時每月的工資是一美元，但是他用二美元繳交底特律公共圖書館的閱覽費，沒事就泡在圖書館裡，看遍了他能找到的所有科學書籍。

一八六三年，當他年滿十六歲時，他的天資充分顯現出來了，刻苦學習了十八小時後，他拿到了摩斯電碼證書。當時美國正在進行南北戰爭，電報需求迅猛增長，於是愛迪生的人生開外掛了：工作、發明、發財，一路光明。

沒有接觸電燈前，愛迪生的主要工作是在電信領域。他投身電報、電話和留聲機的研究，成為當時掌握電信知識的最傑出巨人。

愛迪生是一個腳踏實地的人，任何研究和發明，在他這裡都必須以「物以致用」為前提。有人採訪他後寫道：「愛迪生追求實用和經濟效益，每當一個新想法出現，他總是自問，這對工業有價值嗎？它是否比現有的更好？」正是這樣的實用主義，讓愛迪生成為一個發明家，一個商業巨頭，而不是一個科學家。但歷史就是這樣，我們需要在知識的海洋中不斷探索的學者，也需要精力旺盛的實踐家把那些理論轉化為造福人類的成果。

一八七七年秋天，愛迪生和華萊士打賭，愛迪生認為他可以發明出比弧光燈更完美的人造燈光。從那以後，愛迪生就像一個開足馬力的小馬達，將自己的全部才智投入電燈研究中。

愛迪生不分晝夜地工作，雖然工作室離家只有幾步遠，但他很少回家吃飯，只是胡亂塞些食物，多數是蘋果餡餅。而他的大多數員工便乾脆住在工作室對面的宿舍，他們都是一群工作狂。

其實不僅是愛迪生，當時世界上眾多科學家和發明家——不管是美國的、英國的、法國的、俄國的，還是比利時的——都在竭盡全力開發一種實用的室內用燈，一種帶有玻璃罩的、又亮又安全的燈。

一八七八年，愛迪生造出了白熾燈，但不是很成功，達不到預期的商業效果。經過調試後，他非常聰明地使用了一個熱度調節器來防止燈泡裡的白熾物質融化。這是一個突破，但算不上什麼了不起的突破，然而狡猾的愛迪生馬上對《紐約太陽報》的記者宣布，他的白熾燈成功問世了。

愛迪生沒有透露發明細節，只說：「我的成功是從完全不同於別的科學家的研究途徑取得的。」

愛迪生如此宣稱，有很大的炫耀成分，目的是吸引投資者，並擊敗競爭者。因為在當年十月，他委託代理人格羅維諾．路萊（Grosvenor Lowrey）註冊了愛迪生電燈公司，用於融資。這間公司全部股份是三千股，其中二千五百股（計二十五萬美元）是他的電燈專利，剩下的五百股（計五萬美元）被原始股東認購。

路萊忙於註冊公司、四處籌錢時，愛迪生在工作室裡一波一波地接見記者，向每個人展示他的新燈泡。記者們被震懾住了，紛紛用優美的文筆寫道：「新的電燈問世了，它乾淨、宜人、美觀，沒有刺眼的強光，工藝簡單完美，做為光源的鉑絲並不燃燒，這就是白熾燈。它發出的光又亮又均勻，美極了。」

當然，愛迪生很狡猾，他沒有提到這個「美極了」的白熾燈的壽命不到兩小時。愛迪生馬上發現，他正在為之努力的是一件比預想中難得多的事情。但是他天生就具備不服輸的勁頭，他在實驗室裡夜以繼日地工作，尋找能長時間發光的理想燈絲，適合做燈泡的玻璃，以及最合適的電壓。

他知道不光是發明一個燈泡，需要解決的是適合整個輸電線路的燈泡群，更重要的是，他必須從經濟角度考慮這項發明的意義。

一八七九年四月底，門羅公園實驗室傳來令人欣喜的消息，愛迪生終於研製出一臺巨大的發電機。這是一臺有著三條大長腿的機器，電樞被置於超強的磁極中間，按照法拉第的電磁感應原理，它大大提高了發電效率。這種做法使發電機內部電阻比外部荷載小很多，打破了當時內外電阻相同的慣例，是一項驚人的創舉。但是，還有一個大問題待解決，那就是燈泡，愛迪生依然沒有找到合適的燈絲材料。在這之前，愛迪生用的一直是鉑絲，但鉑絲燈泡的壽命只有一個多小時，根本無法讓愛迪生滿意。

愛迪生開始試驗各種材質的燈絲，任何能想到的材料都不放過：塗上煤焦油的線、軟紙、六股擰在一起的細棉線、在瀝青中浸過的棉花等。

這一年的十月二十二日凌晨，愛迪生將一根炭化過的普通棉線彎成馬蹄形，放進抽光空氣的玻璃燈泡中，通電後，這個白熾燈亮了一個通宵；太陽升起了，這盞燈泡還在亮著；午飯時間過去了，它仍然亮著；直到下午四點，燈泡破裂，燈光熄滅。天哪！它整整工作了十四個半小時。

十一月四日，愛迪生申請了這個燈泡的專利。一根馬蹄形的炭化棉線，做成燈絲，放進梨形玻璃燈泡，抽真空，這就是愛迪生的白熾燈。十一月到十二月間，愛迪生的工作節奏加快了，他們已經有了燈泡，有了發電機，還買了用來發電的蒸汽機。愛迪生還著手研發其他配套部件，如開關、保險絲、分線器、調節器及固定裝置等。愛迪生馬不停蹄，因為他將於年底向公眾正式展示發明成果。

他潛心研究的這段日子裡，來自學術界的質疑聲此起彼伏，電氣學家們喋喋不休地懷疑愛迪生。英國教授希爾瓦努斯·湯姆森（SilvanusThompson）輕蔑地說：「最近，我們都聽說了很多關於愛迪生先生發明電燈的報導，我不知道他是怎麼發明這個東西的，但有一點我可以肯定，那就是任何依賴白熾燈的系統都會失敗。」

另一位著名的英國電氣學家約翰·斯普拉格（John T. Sprague）也直言不諱：「包括愛迪生先生在內，沒有任何人能超越自然規律，如果他說電線不僅能帶來光明，同時也能帶來動力和熱，那就像亂誇海口而根本實現不了的謊話一樣！」

愛迪生在一片質疑聲中憋著一口氣，他要證明給大家看，他要用實實在在的成果來反擊在學術上和他唱反調的人。更重要的是，他必須讓華爾街的老闆為下一階段創建紐約電站樣板繼續投資。

一八七九年的最後一天終於來了，也就是十二月三十一日這天，愛迪生的實驗室正式對公眾開放，大約有三千人冒著風雪嚴寒湧進門羅公園，只為一睹電燈的風采。

這次展示毫無疑問獲得了巨大成功，《紐約先驅報》報導說：「實驗室被二十五盞燈泡照得通明，辦公室和會計室裡有八盞，另外十餘盞照亮了街道、倉庫和相鄰的房屋。愛迪生和他的助手們詳盡地替客人解釋問題，並做各種關於電的實驗。很多人認為愛迪生是一位穿著講究的傲氣先生，但其實他樸素和藹，用最通俗易懂的語言，向大家解釋他的偉大發明。」

這次成功的演示，讓紐約的投資商對新電燈的發展充滿信心。不得不說，愛迪生融資有術，很快就籌集到豐厚的投資，使他的財力遠遠超過競爭對手。在愛迪生的身上，既有科學家的專注和奉獻精神，也有商人的靈活和團隊意識。是的，相比同時代其他電氣學家，他挑戰的是一種新的合作關係——財團資金和科學發展的結合。

此刻，愛迪生的名聲如日中天，他有了技術，有了資金，有了支持者，但做為一個拓荒者，他不會停下前進的腳步。他接下來要做的就是在曼哈頓鋪設電網，點亮曼哈頓，創造真正意義上的不夜城。

白天工作，晚上狂歡

那時，弧光燈和煤氣燈各自占據著曼哈頓照明事業的半壁江山，生產弧光燈的企業在紐約建立了中心發電廠，大部分公共場所都被這種刺眼的強光填滿，而家庭照明依然用著老舊的煤氣燈。愛迪生需要挑戰的是人們的慣性思維，雖然他的名聲早已如日中天，但是，人們只是把他當作科學偶像看待，沒有真正理解並接受他的電燈，因為畢竟是個前所未有的新玩意兒。

首先，愛迪生需要在紐約建立一套完整的電力系統，為白熾燈供應所需電力。在擁擠、喧鬧、骯髒的曼哈頓建立電網不是一件簡單的事，就算是愛迪生這樣名聲赫赫的發明家，操作起來也是困難重重。

愛迪生首先需要搞定紐約市政府的那幫老爺。門羅公園的工作室裡，愛迪生開始不停地舉辦晚宴，邀請紐約市政府的權貴們，希望他們日後能給予快捷的幫助，進行友好合作。

這些晚宴上，愛迪生不厭其煩地向大家介紹新發明的電燈。他宣布這種電燈的壽命可達半年之久，然後他一會兒開，一會兒關，展示了很多種燈光的排列組合。當時，人們都知道煤氣燈只能一個一個地被點亮和熄滅，此刻看到的情景簡直就是不可思議的奇蹟！

雖然收穫了前所未有的讚美，但是愛迪生在幾年後回憶說，這一階段也是他面臨最多困難的時期。

在紐約架設電網，需要的資金不是在工作室研發電燈可以比擬的。雖然他已經成立愛迪生電燈公司，但是要照亮整個曼哈頓，需要的就不是幾千美元，而是幾百萬美元了。華爾街的闊佬們往這個無底洞裡投錢時格外謹慎，畢竟誰也不知道新的照明方式是否能夠一炮打響。

愛迪生被逼無奈，決定自己開設工廠，批量生產電燈。他對一位紐約的投資者說：「既然資金短缺，我只能自己集資彌補，在我們面前，要嘛開工廠，要嘛就是死亡。」

愛迪生賣掉了電力股票，四處借款，他要向曼哈頓進軍。

一八八一年二月，愛迪生和他的同事們開始了曠日持久的搬遷。他們租下第五大道六五號，這是一座漂亮的、四層樓高的褐色砂石建築，它與十四街相鄰，地處紐約最繁華的地段。

在這個嶄新的愛迪生電燈公司總部裡，愛迪生迅速組裝了一臺蒸汽機和一臺發電機，到四月中旬，他已經在高高的天花板上安裝了無數盞吊燈和其他燈飾。每天晚上，這座小樓燈火通明，直到午夜。每個路過的人都被奪目的光彩所吸引，第五大道六五號壯觀無比，光芒四射，成了展示電燈的舞臺。

愛迪生每天工作到深夜，他決定為一千五百個煤氣燈用戶供電，這是他進軍曼哈頓的第一步。

為了鋪設輸電線路，愛迪生專門成立了愛迪生電子管公司，這間公司的首要任務是生產和安裝近十四英里（約二二．五公里）的地下輸電線路，其中不乏曼哈頓最繁忙、最汙穢的地方。

愛迪生的投資者曾經質疑，為什麼一定要鋪設地下輸電線路？架設電線桿不是滿好的嗎？又省錢又快捷。但愛迪生並不這麼認為。那個年代，任何人走進曼哈頓都會被眼前的雜亂無章嚇呆，到處都是掛在木桿上的電線。這些電線橫在街道上方飛來飛去，或是掛在屋簷窗外，毫無章法，看起來像是到處亂爬的大蜘蛛結的網。

愈來愈多的工業和商業都依賴電，電報、電話、股票行情自動收錄機、火災警報器，無論在哪個城市，只要有商業，就隨處可見胡亂架設的電線桿。工廠可以搬遷，電線卻留了下來，它們變質、磨損、老化，互相糾纏在一起，還會短路，冒出可疑的電火花。好在這時候用的是大電池產生的低電壓直流電，高電壓的交流電還沒有出現，所以這些亂七八糟的電線就是醜而已，並沒有什麼危險，就算漏電也電不死人。但是醜也不是愛迪生願意看到的，所以從一開始，他就堅持要鋪設地下輸電線路。

愛迪生在門羅公園的工廠每天可以生產上百顆燈泡，他有自己的電子管公司，負責在熙熙攘攘的曼哈頓街頭埋設輸電線路。愛迪生還需要一個中心點，放置電力系統的心臟和靈魂——中心發電機組。這個時候，他把目光投向第一區裡最窮的幾條街道上，最終以六萬五千美元買下了珍珠街二五五至二五七號。愛迪生的公司發出的電能正是從這個骯髒不堪的地方，向直徑半英里（約八百公尺）範圍內的各個方向傳輸出去，為華爾街的重要商業區和許多媒體所在地帶來光明。

這個過程是漫長的，愛迪生還在兢兢業業地忙著自己的事業，使所有用於中心電站的部件齊備，但媒體的耐心明顯被耗盡了。一八八一年十二月二日，《紐約時報》變得不那麼友好，當天的報紙上說：「愛迪生的公司雖然鋪設很多線路，但到目前為止，以向市中心輸電的計畫而言，還沒有看到他們真正做了什麼。拿索街、華爾街、南街和斯普魯斯街的商人和居民都開始抱怨，因為沒有任何跡象能證明，愛迪生電燈公司能像它保證的那樣，於十一月前替他們輸電。」

但是愛迪生不為所動，他對這個項目的賣力程度是四年來前所未見的。他後來回憶這個項目時說：「這是我接手過最龐大、最需要負責任的事情了。它很大，有著許多細節，我們需要的機械設備、工具、零部件全是自己設計、製造。我們的人都是新手，沒有中心電站的知識，為紐約街道合閘輸電的那一瞬間將會發生什麼，誰也不敢預見。」

重重困難如迷霧般籠罩著愛迪生和他的團隊。當時的愛迪生剛滿三十五歲，雖然看起來依然很年輕，但一頭濃密的棕髮已於幾年前開始變白。一八八一年冬天，鋪設輸電線路的進度遠遠落後於預期，只有一半的線路鋪設完畢。一部分原因是鐵和銅的供應商經常供貨不及時，另一部分原因是紐約的冬天太寒冷了，導致地面凍結無法施工。

一八八二年春回大地時，愛迪生的團隊加快了施工進度。不管外界有多少質疑的聲音，愛迪生的發言人依舊堅定地答道：「如果非讓我們說些什麼的話，我們只能說，我們將竭盡全力，盡快鋪設完線路。我們保證，一旦線路鋪設完畢就立刻供電。」

雖然在公眾面前表現得如此自信，但愛迪生心裡也不是那麼篤定。當鋪設完拿索街的線路，開始試驗電網時，一輛馬車突然經過，馬被洩露的電流電得蹦了一下。還好馬車夫及時穩住了馬，否則不知道受驚的馬會不會做出更嚇人的舉動。

春天剛開始，一家蒸汽熱力公司在挖管道時，不小心碰斷了愛迪生公司的鐵管，截斷了輸電線路。這些小事故很讓人心煩意亂。愛迪生知道，當電流從珍珠街傳輸出去的時候，誰都說不準會發生什麼。他只有更加認真地工作，事無巨細地過問，他不希望因為疏忽大意而造成失敗。

一八八二年八月底，在夏日的熱浪中，愛迪生的團隊終於完成了鋪設十四英里輸電線路的全部任務。

一八八二年九月四日，這是歷史上值得銘記的一天。初秋的紐約溫暖宜人，愛迪生和他的同事們穿著整齊，每個人的臉上都是期待和緊張的神情，他們一起步入投資人摩根位於曼哈頓的豪華辦公室。

四年的艱辛、重重的困難、五十萬美元的開銷，終於等到今天這一關鍵時刻。很長時間裡，愛迪生都在懷疑的陰影下工作，在場沒有一個人比他更清楚，可能會有多少微小的差錯在珍珠街或地下輸電線路中發生，從而使他們公司的首場戰役敗北。這個時候，愛迪生只能在心裡默默祈禱，祈求上帝保佑在電閘合上的那一瞬間，沒有可怕的意外發生。

為了緩解緊張的氣氛，愛迪生甚至開了一個玩笑：不亮就輸一百美元。

下午三點到了，愛迪生看了一眼手錶，揭曉勝負的時刻就在眼前。此刻，他的內心是忐忑的，他不知道自己等來的是什麼，勝敗在此一舉。

在珍珠街那邊，愛迪生的同事踮起腳尖，推動了主電閘。與此同時，幾座樓之外的摩根辦公室裡，愛迪生在內心裡做了最後一遍祈禱，按下了靠近他的開關。

「燈亮了！」董事們情不自禁地歡呼起來，這才是最傑出的證明。他們四周的近一百盞燈，還有旁邊辦公室裡的三百多盞白熾燈泡，一齊發出柔和的光芒，體現出超越煤氣燈的顯而易見的優越性。還沒有等到夜幕完全降臨，《紐約時報》就禁不住開始誇獎了，目睹了愛迪生的電燈的記者滿心讚嘆地寫道：「燈光柔和穩定，發出令人愉悅的光芒。燈泡產生一些熱量，但比煤氣燈要少，也沒有煤氣燈的味道。電燈的光線柔和舒適，一點兒也不刺眼，也沒有讓人頭疼的搖曳不定的亮光。和煤氣燈相比，愛迪生的電燈得到了所有人的贊成票。」

這次壯舉帶給人們前所未有的震撼，人們對電燈產生了好感，舊的觀念不管多麼頑固，都在無可爭議的事實面前敗下陣來。

接下來的幾個月裡，又有兩千多盞電燈被安裝了，曼哈頓燈火通明的大樓愈來愈多。愛迪生電燈公司的第一批客戶裡擠滿了充滿影響力的達官貴人，除了德雷克塞爾財團，還有摩根公司、派克銀行。當然，還有一直給予愛迪生莫大鼓勵的《紐約時報》。

可以想像，愛迪生為自己成功建立了第一個真正的發電照明網感到多麼自豪，誰能夠不自豪呢？

就在珍珠街的電閘被闔上，摩根辦公室的電燈亮起來的時候，他對一位《紐約太陽報》的記者說：「我說到做到了。」他確實把白熾燈帶給了紐約市。但他認為，這只是紐約的起點，他已經做好了繼續開拓的準備。這位偉大的發明家看到的是更多的成功和更輝煌的未來。

成為一個發明家，需要有絕對的自由加上絕對的天賦。他這樣解釋道：「我的願望之一就是不用考慮資金問題。我不稀罕富人的玩具，我不需要馬和遊艇，我根本無暇一顧，我只需要一個裝備齊全的車間。」

當然，只有那些目光敏銳，了解電能潛力，並且有遠見的資本家才會放眼將來。如果用電力取代煤氣，在那個年代，僅在美國就能創造四億美元的收益。愛迪生的電燈將跨越世界，他和他的銀行家們將變得更加著名和富裕。珍珠街僅僅是偉大的、光芒四射的光電帝國邁出的第一步。

電燈的發明與應用不僅是技術的革命，也是人類生活方式的革命。如果這個時候，你漫步紐約街頭或巴黎街頭，你會發現，夜晚變得晶瑩剔透，四處光彩奪目。人們不再需要蝸居在家裡，過早地進入夢鄉，夜晚開始被各式各樣的活動充斥著。很多藝術沙龍和聚會都被挪到夜晚進行，因為這個時間更安靜，人們更放鬆，更適於從事精神上的活動。夜晚不再死氣沉沉，反而變得生機勃勃，街頭上隨處可見出來閒逛的藝術愛好者、精力旺盛的社交人群。可以說，電燈終於取代了火焰，成為開啟人類夜晚大門的鑰匙，掀開了夜晚的神祕面紗，從此，夜晚與人類的關係變得親密無間。

夜晚和虛擬意義

電氣革命為夜晚賦予了現實意義，從此之後，夜晚愈來愈明亮。除了保留自己獨特的神祕感之外，夜晚也容納了大量白天消耗不掉的精力。網際網路興起後，夜晚又被賦予了虛擬的意義。

電氣革命後，人類開始邁向資訊時代。

在之前的時代裡，所有資訊都是以原子形式傳播，是實實在在的，看得見、摸得著。比如我們看的報紙、雜誌、信件、碟片，還有諸位現在捧在手裡的這本書。

電氣革命為我們提供了解放人力的電動機器，生產力得到提升，我們可以更廣泛地閱讀報紙，收聽廣播，收看電視，透過方便快捷的資訊傳播工具迅速與全世界溝通。

不管是石器時代，還是電氣時代，人類生活方式的變遷是在一個共同概念中，有清晰可見的傳承。

那時的人在描述大部分生活方式時，腦袋裡出現的是一大堆原子的結合體，就連貨幣——不管是之前的貝殼、金幣、銀兩，還是之後一張張清晰可見的紙幣、支票——都是以實物形式出現，不僅是數字的概念。

如果當時有人告訴他，未來某天，人們根本不必攜帶現金出門，要做的不過是拿出一張帶磁條的小卡片，或者一個輕巧叫做手機的東西，輕輕一滑，或者一掃，就可以完成一筆交易，他會吃驚嗎？他會不會覺得這是一個不可理解的天方夜譚？這一切聽起來是不是更像某部科幻小說的場景，充滿了天馬行空的想像和操作上的想當然？

但是，這不就是今天正在發生的事情嗎？任何交易都可以透過數位方式完成，不管是小到只有一杯咖啡的買賣，還是宏大的跨國跨洋的國際貿易，虛擬的數字幫你搞定了一切，既方便又安全，你不用見到一捆捆鈔票才有完成感。

這是一個充滿可能性的時代，你要做的不過是放飛自己的想像力。

在西方，最快捷的付款方式是信用卡，在中國就是手機。除了觀念調整和適應外，也需要技術方面的支援。或者說，是技術上的革命挑戰了人們的認知，讓人類的生活模式迅速做出改變。

今天的世界已經儼然成為一個數位化的世界，所有資訊都是以位元的形式進行光速傳播。

位元是什麼呢？位元是資訊的最小單位，沒有顏色、尺寸或重量，能以光速傳播。它的表現形式是一串包含0和1的數位，就好比人體內的DNA，基本單元如此簡單，包含的內容卻豐富宏大。自電腦語言發明以來的六十多年裡，我們極大地擴展二進位的語彙，使其可以包含大量數位以外的東西。愈來愈多的資訊被數位化，如聲音和影像都可以在傳輸過程中簡化為1和0，同時不損害母資訊的完整性。

年紀稍長的人應該記得原子時代的資訊傳播方式，那時候如果想在家欣賞一部電影，需要買一卷錄影帶，這是不是暴露年紀的事情？很多年輕人已經不知道錄影帶為何物了。後來，我們需要買VCD光碟片，之後有了容量更大的DVD光碟片。而現在呢？要在家欣賞一部電影，根本不需要任何原子形式的載體，只需要打開電腦或手機，在影音網站或APP挑選自己喜歡的電影就可以了。實際上，我們需要的不是電腦，而是網際網路上的終端。如果電視連接了網路，拿起遙控器就可以完成這項功能了。

大部分的訊號，甚至那些看起來充滿神祕意義的訊號都可以數位化，這是一個了不起的進步。你要做的不過是在傳輸的起始端取樣，資訊會在傳輸的終結端智慧重組。除了還原之外，你還可以糾錯，幾乎可以讓母資訊完全重現。

人們發現聲波的波形——就是聲壓的度數——可以像電壓一樣被衡量，方便我們對聲音取樣，將聲壓記錄成不連貫的數位，再將這些數位以位元的形式傳播出去。當位元組以每秒四四一〇〇次的速度重現時，我們就能聽到連續的音節了。由於這些分別取樣的連續音節間的間隔非常短，所以在耳中聽到的不是一段段分隔的音節，而是完全連續的曲調。

數位化時代賦予人類新的空間，除了三維世界之外，人類還可以生活在更虛擬、更寬廣的世界當中。人們不再所見即所得，與之相反，這個時代的人們需要豐富的想像力和勇敢的挑戰精神。這是一個更需要智慧的時代，在網際網路當中，所有的起承轉合都需要資訊傳輸起始兩端的智慧參與。

說得更誇張一點，因為網際網路的存在方式非常虛擬，所以傳輸的不是資訊，而是智慧。你能得到多少資訊，取決於做為接收端的你擁有多少智慧。

假如我們把組成「虛擬實境」一詞的「虛擬」和「現實」看成相等的兩部分，那麼虛擬實境這個概念是需要人類智慧來修飾性重現的。在主觀的參與下，虛擬實境能使頭腦中的人造事物像真實事物一樣。這也是為什麼當今社會，愈來愈多人願意躲進網路世界求一生安穩。從某種意義上講，科技發展讓這個世界愈來愈有主觀屬性。

你有沒有想過人類為什麼有兩隻眼睛？事實上，如果僅用來觀察事物，一隻眼睛就足夠了。那麼為什麼是兩隻眼睛呢？

人類每隻眼睛的深度知覺略微不同，造成兩隻眼睛所看到的形象不盡相同。這種現象被稱為視差，當近距離觀察物體時，視差的效果最為顯著。距離較遠的物體基本上會在兩眼上投射相同的影像。

正是因為兩隻眼睛的視距不同，所以人的左眼和右眼看到的畫面不同，但大腦會將這兩幅畫面合成一幅畫面，並產生三維效果。如果閉上一隻眼睛，大腦因為習慣三維世界，你還是會看到三維畫面。可是如果天生就只有一隻眼能看到東西，那麼你的世界很可能不是三維的。如果你和蒼蠅一樣具備複眼，那麼世界在你眼裡會是另外一個樣子。

你有沒有想過為什麼3D電影裡總有許多近距離來來回回的動作？為什麼影片裡的物體總是朝著觀眾席飛過來？因為那些移動恰好設計在立體影像的最佳效果距離內。

問題來了，什麼才是真實的世界呢？人類和蒼蠅一定會有不同意見，而且大相徑庭。然而弔詭的是，人類和蒼蠅看到的都是真實的。

也許你會說可以透過觸覺加深視覺的定義，但另一個問題來了，有了大腦的參與，你還能對觸覺相信多少呢？你怎麼敢肯定摸到的就是真實世界呢？蒼蠅摸到的一定和幾千隻複眼看到的世界一致。那麼，真有所謂真實世界嗎？在這種情況下，世界的真實性到底有多重要呢？

而最新的ＶＲ技術則比３Ｄ電影技術更近一步，ＶＲ眼鏡有兩塊顯示區域，人的每隻眼睛對應一塊顯示區域，每個顯示區域會呈現稍微不同的透視影像，讓人如同身臨其境。當你轉動腦袋時，影像會以相應的速度更新畫面，讓你感覺好像影像的變換是因轉頭動作引起的，但實際上，這一切不過是電腦經過複雜處理後呈現的效果，什麼都沒有發生。

目前虛擬世界的逼真程度取決於技術的成熟度，一旦技術達到某種程度，暢遊侏羅紀公園將不再是痴人說夢，而且無須生物學家的參與，不需要複製恐龍的ＤＮＡ，不需要在某個封閉的小島用幾顆大蛋孵育這種難以控制的大型生物。我們所要做的，不過是戴上一副ＶＲ眼鏡罷了。

從某種意義上說，這個世界是主觀存在的，除了量子物理從理論上給予證明外，位元和網際網路的存在也從社會意義上給予某種佐證。如果這個世界不是主觀的，如果這個世界不依賴人類大腦的分析和再加工，網際網路就沒有存在的必要了。

世界的客觀存在依賴於我們的主觀意識，這是網際網路的哲學基石。這一特性與夜晚的特性暗合，夜晚從誕生那天起就具備主觀性。中國人喜歡把截然相反的兩個概念放在一起，表達某種平衡，比如「善惡」、「美醜」、「天地」。在這種表達方式中，那個更正確、更主要的概念總是被放在前面。但說「陰陽」，「陰」在前，「陽」在後，不說「陽陰」，在中國人的心目中，「陰」生「陽」，而不是反過來，這種看法並非因為女性是陰性，她生出了男性。要知道在人類起源的源頭，世界萬物不是分為兩個面的，分為互為關係的兩面其實是文化的產物。

「陰陽」二字，白天為陽，夜晚為陰，也就是說，主觀性在前，而客觀性在後。這個小小的詞彙為我們揭示了中國人的古老智慧，表達了他們對這個世界的看法。這種深沉的智慧在理性科學發起後，曾被荒廢許久，人類對客觀和理性的過度追求，從一個角度來說是在探尋世界本質的路上繞了一個彎。

夜晚從誕生的那一刻起，就以獨特的「主觀性」深深地吸引著人類，網際網路興起後，它的虛擬性成為夜晚的最佳補充。在某種程度上，不是網際網路成就了夜晚，而是技術革命終於從理性追求回歸了主觀特質。

網際網路和價值的無限延伸

二〇一七年一月，好萊塢拍了一部電影《關鍵少數》，講述的是二十世紀六〇年代美國太空總署的故事。登月計畫專案中，有三個聰明絕倫的黑人女性，她們都有非凡的頭腦、超強的數學才華、出色的工作能力，但因為膚色的關係，一直在大團隊中被當作隱形人。

其中，凱薩琳（Katherine Johnson）是一位計算能力爆表的數學家，主要任務是用計算的方式確定登月艙返回地球的軌道。

她每天都要進行大量計算，主要的工具是筆和紙，有時還需要黑板。她常常踩著大梯子在黑板上演算。為什麼要踩梯子？因為算式太長，全部展開需要四、五公尺長的大黑板才寫得下。

這個場景並不陌生，大家或許還記得電視劇《暗算》，裡面重現了過去破譯電報密碼抓特務的場景。參與密碼解密的科學家每天辛勤工作，主要工具是什麼呢？比美國人的筆和紙稍微好一點，他們用的是算盤，好幾公尺長的大算盤。一個小組的人全員上陣，劈里啪啦打起算盤來有驚天地泣鬼神的氣勢，藏在黑暗中的特務們無所遁形。

不管是七〇一總部的大算盤，還是太空總署的大黑板，不管是抓特務，還是登月球，人類一直依仗的都是人工計算能力。數學是宇宙的密碼，人類掌握它，所需要的不過是大量的計算，一步一步得到結果。

但是這一切因為電腦的出現而改變了。一天，當太空總署的計算小組和往常一樣埋頭在白紙上演算時，IBM送來了一組巨大的機器。

這臺電腦體形巨大，需要占用整整一間屋子，因為最小的部分都比門大，所以搬進屋子時不得不砸開一面牆。整個計算小組的人都跑來圍觀，這就是具有超強計算能力的機器嗎？這臺機器真的能算出太空艙的運行軌道，並把它安全送回地球嗎？雖然，這臺機器的計算能力在今天看來非常可笑，等待一個資料可能需要一天的時間。但這又怎麼樣呢？在此前，這一過程可是需要十幾個人工作三個月啊！

那一天，所有太空總署的人都震驚了，每個人都感覺到這個龐然大物一定會在不久的將來改變他們的人生，飯碗能不能保住都是很難說的事。很明顯，如果一臺機器具有計算大量資料的能力，而且又快又準確，誰還需要拿紙和筆計算的人呢？大黑板要被淘汰了，遭受同樣命運的還有遙遠東方的算盤。

電影無疑是想講一個黑人女性反抗種族歧視的故事，但也為我們揭示了一個事實：電腦改變了我們的世界，雖然它的設計初衷只是為了計算。

電腦，雖然名字聽起來好像是個巨大的計算機，但它改變人類社會靠的不是無與倫比的計算能力，而是因為它實現了人類社會最大範圍的連接。它引起的技術革命是劃時代的，堪稱人類有史以來最偉大的技術革命。

網際網路的前身是阿帕網 (ARPANET)。

一九五七年，蘇聯發射了人類第一顆人造地球衛星「史普尼克號」，這一了不起的成就為美國人帶來極大震撼——怎麼可以被蘇聯人超前呢？美國人瘋狂地啟動登月計畫。當時的美國總統艾森豪 (Dwight D. Eisenhower) 無疑更有遠謀，他下令美國國防部設立一個研究機構，專門研究有前途的、新式的、高風險的科技專案，專案的選擇權留給科學家，國家負責提供資金支援。在國防部的支持下，大量專案上線了，阿帕網是其中之一。時至今日，很多人還在爭論網際網路是不是為實現軍事目的而出現的。「網際網路之父」鮑勃．泰勒 (Bob Taylor) 曾在受訪時談到，美國研發電腦和蘇聯人發射「史普尼克號」並無直接關係。

但問題的關鍵不在這裡，而在阿帕網當初所接受的使命是：未必一定是航空領域，只要是有前途的研究領域都可以執行，錢要用來資助那些有好想法的人，這才是最重要的。

網際網路就是在這樣的氛圍下誕生的。「錢要用來資助那些有好想法的人」，正是因為有如此寬鬆的環境，有軍方的資金，卻無軍方的掣肘，許多大學和研究機構，以及來自世界各地的頂級人才才能匯聚在一起。他們的想法和創意得到極大鼓勵，並被迅速推進，最終催生了網際網路的問世。

毫無疑問，美國也因執第三次科技革命的牛耳，再次保持了世界經濟老大的頭銜，在冷戰巨大的泥沼中拔身而起，用新科技開創新領域，繼續引領全世界經濟的走向，為自己賺取更多資源。

網際網路的誕生催生了一種新型文明。

電腦的誕生提升了計算速度，讓我們可以飛快地算出特務使用的密碼，以及登月艙返回的軌道。但是僅此而已嗎？當然不是，電腦的起源也許只是一個高效能的大算盤，但它帶來的資訊技術、傳播概念、連接模式，卻為人類指出了一個前所未有的方向，讓人類生活發生了翻天覆地的變化，它很有可能從本質上解決了人類自農業社會以來就擺脫不開的資源危機。

每當提到某種革命，我們指的都是產生改變，甚至是極大改變了人類的生活方式。一萬二千年前發生了農業革命，二百五十年前發生了工業革命，四十年前發生了網際網路革命。

農業社會的關鍵資源是土地，工業社會的關鍵資源是能源，網路社會的關鍵資源是什麼呢？是訊息。

資訊的性質和能源是不一樣的，能源的分配是零和所有，因為它是一個有限的概念，不是你贏就是我贏。所以，圍繞著能源，我們會有危機意識。不管是農業社會的「土地」，還是工業社會的「能源」，在某種程度上都代表著力量，所以對它們的爭奪成為生死攸關的事情。

但工業社會的人們對土地的執念遠沒有農業社會那麼強，到了數位社會，或者稱網路社會，人們對能源的爭奪也一定不會像在工業社會般勢在必得。雖然我們今天未必看得到，但將來必是如此。因為有了虛擬世界的介入，人類對能源的消耗一定是個遞減的過程，那個時候能源的儲備就不會顯得那麼重要了。

紐約大學宗教歷史系教授詹姆斯．凱斯（James P. Carse）把世界上所有事物歸結為兩種類型：有限遊戲和無限遊戲。有限遊戲的目的在於贏得勝利，而無限遊戲卻旨在讓遊戲永遠繼續下去。

對土地和能源的爭奪是有限遊戲。有限遊戲在邊界內玩，是零和的，是非你即我的遊戲。土地就這麼多，石油就這麼多，給了你，我就沒了，於是以人類的貪婪而言，必有戰爭發生。

但是網際網路和資訊革命屬於無限遊戲，不僅沒有邊界，反而玩的就是邊界。意義在於衝擊了傳統的價值基礎和遊戲規則，創造了可無限延伸的價值空間。

價值不再局限於非此即彼的概念，而是產生一種可共用、可分享，甚至愈是共用、愈是分享就愈快樂的概念。世界發展的方向不再是被幾個大趨勢壟斷，而是裂變成無數微小的趨勢，愈來愈碎片化、去中心化。

現代主義強調客觀性、理性、真理和秩序。而後現代主義則強調主觀性、非理性、多元價值和非確定性。人們不再追求大一統的「主體敘事」，而是強調個體異質性、無中心意識和多元價值趨向。

單項技術革命影響的往往是某一垂直領域，如抗生素的發明徹底改變了醫療和健康領域，而網際網路帶來的影響是橫向的。

每一個連接在網路上的電腦終端都是一個獨立王國，每一個獨立王國都影響著主體價值。網際網路的核心精神元素就是：開放性和多元價值。

世界必將變得愈來愈去中心化、去等級化、去權威化，這就是網路文明的特徵。

網際網路的影響遠遠大於蒸汽機或電氣，它不只是一次技術革命，更是一次世界觀的革命。它觸及了人類更深層的精神本質，包括我們的信仰和價值系統，甚至撼動了文明的基石。

網際網路正在重新格式化和升級人類的「思維作業系統」，為我們開啟了一個新的軸心時代。

一再強調網際網路改變了我們的生活模式，是為了說明接下來的時代將不同於我們以往的任何時代，傳統被徹頭徹尾地顛覆，經濟模式也是如此。如果不認清這一點，必然會在新的時代中迷失沉淪、不辨方向，更不要說創造更大的經濟價值了。

不同於農業時代和工業時代，這兩個時代對白天的倚重特別大，農作物沒有陽光無法生長，沒有集體勞作，大規模的生產無法進行。這些都導致白天才是人類活動的主要時間段，否則生產力就無從談起。但在數位年代，我們不再依賴集體勞作，也不再要求人員到齊，人們在各自的終端完成自己的工作、生活和一輩子。白天和黑夜的界限愈來愈模糊，夜晚創造的經濟效益、產生的ＧＤＰ會迅猛發展，夜晚從此將會更大面積、更積極、更充滿活力地參與人類的生活層面。

經濟學上的新軸心時代

隨著大資料時代的來臨，「網際網路＋」平臺的使用者資料成了金礦，讓夜間經濟消費者變得不再神祕，「網際網路＋」更為夜間經濟的內容插上了想像的翅膀。技術的變革必然帶來人類認知、思想、信仰和價值體系的變遷，這些都無一不影響著經濟的走向。

文化產業早就隨著洶湧的技術浪潮，成為公認的朝陽產業。在世界上主要的已開發國家，文化產業都由國家經濟體系的邊緣走向中心。根據大資料顯示，英國文化產業的年產值將近六百億英鎊，從業人數約占全國總就業人數的五％；日本娛樂業的年產值早在一九九三年就超過汽車工業；美國的文化產業更加發達，其視聽產品的出口額，僅次於航空航太等少數行業，成為主要的出口經濟支柱。

文化產業崛起的勢頭，是與技術發展緊密聯繫在一起的。最近幾年，文化產業呈現井噴之勢，成為已開發國家的拳頭產業，這一切都是伴隨著資訊革命而來。

一九六九年，人類跨出歷史性的一步，登上了月球，實現了人類在漫長文明歷程中的憧憬和夢想，也成為軸心文明的精髓——「超越性」的一次具象體現。

網際網路也是在這一年誕生的。起初，一切都無聲無息地展開，遠不如獲得全球矚目的登月輝煌。大家甚至還一度懷疑，這玩意兒到底有什麼用處？我們現有的關係網模式不是已經很完美了嗎？用機器來傳輸0或1，有什麼必要嗎？

但很快，網際網路替人類帶來的震撼就如水一般蔓延到整個星球，浸入每一個角落，讓無數可能性猶如生命遇到水，得到滋潤，茁壯成長。

當未來的歷史學家審視今天的科技進步時，他們或許會意識到，網際網路不只是一次技術革命，更是一次世界觀革命。它深深改變了經濟模式，為我們帶來了經濟學意義上的新軸心時代。

每一次技術革命都會帶來人類生產力的飛躍，從而影響著產業結構和經濟模式。網際網路和數位化將會更迅猛地改變一切，會在全球範圍內掀起波瀾壯闊、勢不可擋的巨變。

人類目前經歷了三次工業革命。

第一次工業革命大約從一七六〇年延續至一八四〇年，由鐵路建設和蒸汽機的發明觸發的這次革命，引領人類進入機械生產時代。

第二次工業革命始於十九世紀末，延續至二十世紀初，隨著電力和生產線的出現，規模化生產應運而生。

第三次工業革命始於二十世紀六〇年代，這一次革命通常被稱為電腦革命，或者數位革命，因為催生這場革命的是半導體技術、大型電腦、個人電腦，以及網際網路的發展。從千禧年開始，網際網路開始迅猛發展，變得無所不在。網際網路終端的移動性大幅度提高，感測器體積變得更小、性能更強大、成本也更低，與此同時，人工智慧和機器學習也開始長足發展。

第三次工業革命的傳播速度和廣度，遠遠超過前兩次革命。事實上，在世界部分地區，以前的工業革命還在進行之中。全球仍然還有十三億人無法獲得電力供應，也就是說，仍有一七%的人尚未完整體驗第二次工業革命。紡錘是第一次工業革命的標誌，它走出歐洲、走向世界花了一百二十年。相比之下，網際網路僅用了不到二十年的時間便傳到了世界的各個角落，而且傳播的速度和廣度依然在繼續加強。

Google、臉書、Uber和阿里巴巴等顛覆者，都曾經籍籍無名。我依然記得二〇〇五年阿里巴巴收購雅虎中國時，外媒紛紛詢問這間公司是什麼來頭，怎麼從來沒有聽說呢？但如今，這些企業已經家喻戶曉，不僅在某一區域或某一國家發揮影響力，甚至在全世界都享有盛譽。

問世於二〇〇七年的iPhone，如今在街頭巷尾隨處可見，截至二〇一六年底，全球智慧手機總量超過二十億部，也就是說世界上幾乎三分之一的人進入手機數位時代。

二〇一〇年，Google宣布研製出首輛自動駕駛汽車。到二〇一五年為止，全球與汽車自動駕駛技術相關的發明專利超過了二萬二千件，世界上最先進的自動駕駛汽車已經測試行駛近五十萬公里，其中最後八萬公里是在沒有任何人為干預措施下完成。

Google成為最有可能將成千上萬輛自動駕駛汽車開上公路的公司。目前自動駕駛汽車已經獲得美國加州立法批准，接下來，Google很可能會在該州部署數百輛自動駕駛汽車，用來接送公司員工上下班。內華達州也允許Google自動駕駛汽車上路行駛。用不了多久，我們就會看到更多自動駕駛汽車行駛在路上。

這樣的事例不勝枚舉，傳播速度只是資訊革命的一個方面而已，它的規模收益也同樣驚人。數位化意味著自動化，自動化反過來意味著企業的規模收益不會遞減（至少遞減的部分會少一些）。

我們不妨以數位化革命的前沿國家美國為例。

一九九〇年，美國的產業中心是底特律，當地最大的三家企業的總市值、總收入和員工總數分別為三百六十億美元、二千五百億美元和一百二十萬人。相比之下，做為新時代產業中心的矽谷，在二〇一四年，三家最大的企業總市值高達一·〇九萬億美元，雖然他們的總收入為二千四百七十億美元，與底特律的公司不分伯仲，但他們的員工數量只有十三·七萬人，只是略多於前者的十分之一。

與十年前或十五年前相比，今天創造單位財富所需要的員工數量要少得多，這是因為數位企業的邊際成本幾近為零。此外，在數位時代，對於許多供應「資訊商品」的新型公司而言，其產品的存儲、運輸和複製成本也幾乎為零，一些掌握顛覆性技術的公司似乎不需要多少資本，就可以實現自身的發展。比如如今的獨角獸企業，它們不需要太多的啟動資金，借助數位革命的力量，不僅改變了資本的作用，還提升了自身的業務規模。

雖然網際網路公司從數位革命中獲益良多，但最大的受益者還是消費者。

數位革命產生了大批新產品、新服務、新概念。這些可以在幾乎不產生額外成本的情況下，提升消費者的個人生活品質。在今天，預約計程車、訂購機票、查詢航班、購買商品、交付帳單、聽音樂、看電影、點餐——所有這些事務都可以遠端完成。技術替消費者帶來的好處有目共睹，網際網路、智慧型手機和成千上萬的應用軟體讓我們生活得更為輕鬆，也提高了總體工作效率。

我們用來閱讀、瀏覽、通訊的一支小小的智慧型手機，其運算能力相當於三十年前五千臺桌上型電腦的運算能力總和，而且，它存儲資訊的成本逐步趨近於零。二十年前，存儲一GB資料的年服務費要一萬多美元，但是今天，平均僅需要三美分。這樣的數字對比讓你心生驚訝吧！也就是說，如果你能攜帶一支智慧型手機回到三十年前，你無疑就具備與上帝一樣的視角和能力，當然，你得找個有 Wi-Fi 的地方才好嚇唬人。

數位革命帶來的挑戰主要落在供應方身上，也就是勞動和生產領域。在過去的幾年間，絕大部分的已開發國家，以及像中國這樣快速發展的新興經濟體中，勞動力對GDP的貢獻比重出現大幅下滑。原因就在於，創新驅使企業用資本取代勞動力，成為撬動企業經濟效益的槓桿。

也就是說，大量財富的創造，或者為企業帶來大量經濟效益的經濟行為，將不再集中於白天的密集型勞動合作。有資本的地方就是GDP產生的地方，而資本是無時不在運作的。

你可以在任何時刻訂專車、購買機票，甚至買肥皂。你不需要在乎專車公司的調度室是不是下班了，航空售票處是不是關門了，樓下的便利商店是不是打烊了，拿起手機，不管是淩晨三點，還是中午十二點，都可以透過數位手段完成個人服務，無須遷就對方的運作模式和時間。

資本的運作是不分時間，不分區間的。既不分白天和黑夜，也不分國內和國外，沒有邊界。

在當今的經濟形勢下，決定競爭力的是兩個因素：資本和創新能力。展望未來，高成本和低成本國家之間，以及新興市場與成熟市場之間的區別愈來愈不重要，新的衡量標準是經濟體是否具有創新能力。

北美和歐盟擁有世界上最具創新能力的經濟體，引領著世界創新發展。但是中國在創新領域的綜合表現也非常優秀，二〇一五年，中國的創新能力已經達到歐盟的四九%（二〇〇六年為三五%），這是令人吃驚的事情。從一九七八年改革開放以來的很長時間，中國製造業一直在低端徘徊，幾代人都致力於經濟結構轉型，每個人都知道這是件任重而道遠的事情。但誰也沒有想到，這一天來得那麼快，那麼悄然無聲。即使創新起點相對較低，但是，今天誰也不能否認，中國已經進入全球化生產中的高附加值領域，並正在運用舉足輕重的規模經濟優勢，更好地參與全球競爭。

規模經濟的優勢，在雲端運算平臺的運用中可以得到清晰展現。

談到雲端運算平臺時，我們談的其實是兩種：一種是人力雲端運算平臺，一種是消費雲端運算平臺。

只要你有一臺終端，不管是電腦還是智慧型手機，就可以成為全球虛擬網路中的一名從業人員，同時具備無與倫比的機動性。

個體工作者會認為這樣的工作模式壓力小、自由度大、滿意度高，是一種理想的工作狀態。你可以不分時間、地點地創造價值，可以成為專車司機，可以成為外賣派送員，可以成為影音主播，可以成為社群軟體達人。

除了從業之外，你也可以同時具備各種身分，一個家庭主婦同樣能夠成為成功的電商，一個金融從業者也可以是一個超酷的漫畫家，生命可能性的邊界被打開了，自由成為這個時代的主題。

而做為消費者，消費雲端運算平臺的意義在於讓你免受邊界困擾。你可以消費來自全世界的商品，透過快捷的物流產生不低於現場購物的體驗，同時還不必付出昂貴的附加價格。這不僅是因為雲端運算平臺讓比價成為輕而易舉的事情，也因為供應商的成本在大幅度降低，網際網路的共用特性，使得它有能力為供需雙方進行匹配。原本利用率不高的資產，原本不被看作資產的東西都能被啟動。比如說私家車上的空座、家中閒置的臥室、不再需要的家具等。全球最大的計程車公司 Uber 沒有一輛車，最受歡迎的社交平臺臉書不製作任何內容，最有價值的零售商阿里巴巴沒有任何庫存，這是以前的經濟模式能夠想像的嗎？

經濟學上的新軸心時代已經到來，創新——不僅僅是技術上的創新，也包括觀念上的創新——成為軸心中的軸心。從這個意義上來說，我們這本書要討論的夜晚，是和白天沒有分別的。甚至，夜晚創造的ＧＤＰ是完全可以和白天相抗衡的。

在市場經濟條件下，文化與經濟密不可分，愈是文化的高地，愈是經濟的富礦，而且這種財富的來源具有相對的長期性和穩定性。夜間文化消費推動著一個城市的夜間經濟繁榮，是繁榮市場、拉動消費的有效途徑，也是衡量一個城市現代化發展的重要尺度。

夜間文化產業的發展進一步增強了文化產業的後勁和總體實力，夯實了文化產業在國民經濟中的支柱性作用。夜間文化產業的發展有力刺激了消費，有效擴大了內需，為轉變經濟發展產生積極的作用。工作時間和消費時間愈來愈彈性，不夜城愈來愈多，二十四時店愈來愈多。愈是發展程度高的城市，夜晚的安全性和活躍程度也會愈大。因為需求在上升，從某種程度上說，夜晚不再是白天的延伸，而成為另一個龐大的經濟市場，是第二GDP的容納體。

第三章

夜經濟與城市——

嵌入當地商業生態是王道

夜間經濟文化產業是提升城市品位、打造城市品牌的重要載體，也是衡量一個城市經濟發展水準、居民生活品質和投資政策環境的「氣壓計」。夜間經濟是概念空間和生活空間的共同體，為創新和差異化的事物提供了一個安全之處。

多樣性空間的提供者

如果你好奇夜晚如何推動城市發展，不妨在附近的商業街走一走。在天色將晚之時，換上輕便的衣服走進人群，感受夜晚商業帶來的能量和活力。你會發現這些商業街只有在夜晚才煥發光彩，變成一個城市的生息之地。在這裡，你能聽到、看到、聞到、觸摸到，甚至品嘗到白天不曾展現的多樣性。

下了班的人們把時間消磨到了咖啡館、酒吧、理髮店和美甲店。人們在這裡聊八卦，或者談論時事，或者只是買一杯咖啡，然後找個角落安靜地坐下，當一個觀眾。

這些活躍的小店鋪將外部世界與你的內心深處連接在一起，它們在那一刻的意義不僅是小店鋪那麼簡單，它們維繫著社會的互動。當我們說到夜生活時，並不僅指燈紅酒綠、紙醉金迷，這些都是最表象的反映。一個城市夜生活品質的高低，在於它能不能提供多樣性的空間，能不能將自己的ＤＮＡ嵌入當地商業的生態系統。

如果說生態系統是一個有很多關聯部分的複雜網路，所有的部分都與周圍環境互相作用，那麼，一個地方的夜晚經濟，便是將商業街生態——由店主、店員、消費者，以及當地居民日積月累創造出來的社會、經濟、文化交流網路，匯聚在一個實體空間中。

這些網路有時延伸得很遠，比如從全球各地移民到已開發國家的男男女女，為那裡的城市帶去中餐館或墨西哥速食店；有時卻近在眼前，好比住在隔壁街區的消費者，為了買一瓶橘子汁，光顧午夜依舊營業的小賣部、果蔬店或酒鋪。

夜間經濟是一種內源性的動力經濟，是城市文化與生活的縮影，其繁榮程度是一個城市發展活力的重要標誌。目前美國人已有三分之一的時間、三分之一的收入、三分之一的土地面積用於休閒消費，而其中六〇%以上的休閒活動發生在夜間。

一個城市何以幸福？除了經濟的發展、生活的便利，還要有文化的自豪感與凝聚力。一個人何以幸福？除了衣食無憂、居有其所，還應有精神追求。

珍．雅各 (Jane Jacobs) 是一位對城市很有洞察力的作家，她注意到了那些小店鋪是如何介入到人們的生活中。這些店主們隨時戒備著可能發生的犯罪、為上學的孩子們提供一個安全的庇護所、在陌生的城市海洋中建起一座座熟悉的島嶼。

在雅各居住的紐約市街道上，店主們熟悉很多街坊鄰里的名字，會在他們不在家時幫忙代收包裹，鄰里們甚至會把家裡的備用鑰匙交給店主們，以備不時之需。店主和店員們無償承擔了這些責任，為當地居民的生活提供安全和便利。

這樣的故事發生在紐約，也同樣發生在阿姆斯特丹、東京、上海和長沙。在這一章裡，我們不妨認真深入地走進這些著名城市，看看他們的夜間經濟如何改變人們的生活，看看每一個城市如何保留自己獨特的韻味，讓自己的夜晚具備獨一無二的氣質。

在這個全球一體化的時代裡，小眾、個性、與眾不同才是引領風潮的法寶。上述幾個城市無疑做到了這點。

不管是以小尺度社交為中心的阿姆斯特丹，還是藝術與個性相得益彰的紐約，抑或帶著原真性介入全球化的東京，當然，還有以商業化文創園區做為引領的上海，以及娛人、娛己、娛天下的長沙，這些城市都用自己的方式走在商業大潮的前端，在這個瞬息萬變的時代裡站穩腳跟。

夜間經濟不再像以前那樣，只是提供日常生活的消費。

以前商業街常見的多半是販賣糧食、煤炭、雜貨、香菸、副食品、水果、蔬菜和其他種類的商品，或者擠滿裁縫店、理髮店、洗衣店、茶館和公共澡堂。這些都是和人們生活密切相關的服務，或者說，是低配生活服務。

但是，今天的夜晚將不僅滿足於低配。隨著新科技的發展，人們擁有了更多選擇權，依靠網際網路，他們可以看到琳琅滿目的商品，來自世界各地的貨物都整齊劃一地排列在眼前，等著被挑選。

你再也無須去紐約才能買到自由女神像的紀念品，也不必親身前往巴黎才能吃到口味正宗的馬卡龍。商業不再局限於地區流動性，商業的邊界有了新的設定。人們對商品的消費方式也發生著翻天覆地的變化，網際網路不僅讓世界變得更小，還幫助我們比較價格、參考評價，甚至參與售後回饋。所以夜間經濟將不再局限於提供低配生活服務，它在科技與全球化的雙重作用下被重塑了。

大家愈來愈明白，現代科技讓許多消費者擺脫了實體商店的限制，購物者也習慣在網上購買私人物品。在紐約，年輕白領們不再把髒衣服拿到當地的洗衣店，反而依賴手機APP線上預定洗衣服務。但另一方面，科技也為實體店鋪帶來更多客源。如果一家店鋪在網路平臺（比如蝦皮或 PChome）有良好的評價，就會有源源不斷的新客人找上門。而且手機APP也可以幫助實體店鋪接受訂單、操作支付、傳播廣告等。

社會學家和人類學家觀察到，社會文化團體存在共同和互相社會化的現象。從某種意義而言，實體經濟既是「概念空間」——體現、複製和象徵著某一社會團體的共同意趣，也是「生活空間」——是實體化、功能化和經驗化的。「概念空間」指我們想到的消費需求是在腦海中出現的東西，而「生活空間」指我們親自前去的那個地方。

在最佳情況下，夜間經濟是概念空間和生活空間的共同體，為創新和差異化的事物提供一個安全之處。

很顯然，夜間不僅是用來購物，夜間經濟是基於不同個人志趣的文化生態系統，當然，個人志趣也維持著集體認同。一種成熟的夜間經濟，不僅提供豐厚的利潤，而且能豐富社交、方便生活、促進社區構建。它呈現地方文化的感官體驗，讓城市無論對於居民還是遊客，都變得婀娜多姿。

接下來我們要講述的就是五個城市的內嵌故事，它們在全球和地方框架中交互作用，一方面以全球相似的方式被塑造，另一方面則深受本地傳統生活經驗的影響。它們都是成功的範例，測試著社會理論學家列斐伏爾 (Henri Lefebvre) 關於城市空間如何被生活、如何被生產、如何被想像的理論，無疑為我們提供了思索和研究的最佳素材。這些研究告訴我們，夜間經濟不僅是商業上的可見表象，還是塑造城市靈魂的重要元素。

夜晚的阿姆斯特丹：社交才是黏合劑

首先以阿姆斯特丹為例吧！說到阿姆斯特丹，大家的第一印象或許是紅燈區，但從經濟體量上來看，性產業在阿姆斯特丹的旅遊業當中，只占一小部分。要知道，來阿姆斯特丹的大部分都是遊客，而不是嫖客。每年前往這座城市的旅客中，女性占四二％以上，很難想像她們是來紅燈區買春的。

那麼阿姆斯特丹的夜晚靠什麼支撐呢？

阿姆斯特丹做為全球性城市由來已久，其「黃金時代」可以追溯到十七世紀，從荷屬東印度公司和西印度公司主導世界貿易開始。然而自二十世紀七〇年代起，全球化在兩個重要方面——旅遊和移民——重塑了這座城市。

因為旅遊業，阿姆斯特丹政府不滿足於單純的「性都」定位，而渴望更豐富的產業鏈。

因為移民，阿姆斯特丹的文化具有獨特性和豐富性，反過來為旅遊業注入新鮮活力。然而，將這兩方面黏合起來的，是阿姆斯特丹的社交文化。

首先，阿姆斯特丹是全球主要旅遊目的地之一，常年吸引大量境外遊客。遊客們盡情徜徉在運河、充滿歷史感的建築和豐富的文化紀念場所，比如國家博物館、安妮之家和林布蘭（Rembrandt）的生活區，以及有豔麗女郎招搖的紅燈區。

獨特的夜生活，或者說是性文化，是讓阿姆斯特丹聞名的因素之一。中國人稱之為「性都」，英國人名之為「Sex City」，法國人則稱其為「Sexe Ville」，無論以何種語言稱呼，意思只有一個，這個城市是以性開放的夜生活而著稱。

雖然性產業為阿姆斯特丹帶來了很多稅收，招攬了大量遊客，但當地政府依然覺得有必要規劃和整治，因為性產業的附帶品是毒品和黑社會，這兩項都是旅遊業的死敵，你很難想像遊客願意把時間和金錢花費在一個不安全的城市。

同樣，政府也認為光靠治安好是不夠的，阿姆斯特丹不應該成為一個井然有序的大妓院，這是座有歷史、有人情、有文化積澱的城市，有必要讓世人發現她獨特的美，而不是一來此地就醉生夢死，尋找皮肉之歡。

從二十一世紀開始，政府開始有條不紊地高價買下紅燈區的店鋪，再以低價租給年輕的時裝、珠寶設計師和藝術家。政府希望將已經存在六百年之久的紅燈區，逐漸改造成以高級賓館、餐廳、咖啡館、時尚商場和文化藝術場館為主的旅遊街區。

如果前往阿姆斯特丹，一定會被那些四、五層的紅磚連排別墅所吸引。這些別墅可以追溯到十七世紀，它們排列在狹窄的街道中，其間到處擺放著阿姆斯特丹人的自行車，小咖啡館、小酒店和商店也鑲嵌在房屋底層的狹長空間裡。一到晚間，這裡就擠滿了人，有當地的居民，也有外地的遊客，大家喜歡擠在這裡體會阿姆斯特丹的歷史韻味，享受悠長的休閒時光。

除了旅遊業外，阿姆斯特丹還有自己的居民，分為本地和移民兩大部分。

從二十世紀八〇年代開始，阿姆斯特丹吸引了大量跨國移民來這裡生活和工作，他們現在占城市總人口的三〇%左右，其中人數前三的「少數族裔」來自土耳其、摩洛哥，以及南美洲東北部的蘇利南——曾經是荷蘭的殖民地。

隨著全球化的發展，愈來愈多城市成為國際城市，不管是老牌的紐約、洛杉磯，還是新興的上海、北京，甚至藏在高山雪域裡的拉薩。城市變得愈來愈多種族、多文化，來自不同地區和成長環境的人，把自己的文化搬到異鄉，為新的城市帶來活力，也悄然改變著城市自有的傳統。

阿姆斯特丹做為全球化的一部分，不再是歐洲人口占主導的格局，本地人和外來人，很自然地把這個城市分成壁壘並不那麼分明的兩部分。

非西方移民，尤其是摩洛哥人和土耳其人的教育程度偏低，失業率也比較高，是本地人的兩倍以上，宗教問題也讓新移民難以融入本地人的生活圈。

此外，荷蘭的公共政策推進兩性平等、支持公開表達性取向、包容文化差異，而新移民多半來自更為傳統的社會，這一切都讓新移民感到不適，甚至威脅。

所以，本地人和移民很自然地挑選了兩個不遠不近的地方安營紮寨。自二十世紀八〇年代起，阿姆斯特丹逐漸分化成紳士化的中心地區和大規模少數族裔集中區域兩個部分，也為阿姆斯特丹貢獻了不一樣的文化氛圍。

中心區——觀光客的必遊之地運河帶就在這裡——居住著相對較少的移民。少數族裔及近期遷來的移民聚居在城市東區和西區。儘管阿姆斯特丹於二十世紀六、七〇年代重建市區，拆除中心區附近的老舊房屋後，建造了城市中的第一條地鐵，同時在南部開發新建企業辦公區和居住區。即便如此，阿姆斯特丹依然極大程度地保留了傳統街景。

二十世紀六〇年代以來，幾乎和世界上其他地方一樣，大型零售業開始在阿姆斯特丹擴張，H&M等外國品牌連鎖店已經占據了市中心最好的商業地段，大型零售連鎖店開遍城市。

但是，一個城市的活力和氣質歸根結柢來自本土文化，畢竟遊客來到一個陌生的地方，不是為了去麥當勞或星巴克，更想與當地的美食和文化親密接觸。於是，很多在二十世紀七〇年代來到阿姆斯特丹從事製造業的移民，在工廠關閉或更換工作後，經營起了小商店或小餐館。這些商店、餐館帶有阿姆斯特丹的城市烙印，也有移民者母國的獨特味道，成為阿姆斯特丹耐人尋味的特色。

這兩條路徑戲劇化地反映在兩條商業街上，一條是高級的、位於運河帶的烏特勒支街，另一條是低階的、位於市區東部的爪哇街。烏特勒支街只有極少數移民開的商店，而爪哇街是民族商店的集中地，店主大部分是來自南方世界的移民。在爪哇街，遊客能品嘗到來自土耳其、摩洛哥、蘇利南、印度、義大利、泰國、墨西哥等地的美食。對阿姆斯特丹來說，烏特勒支街和爪哇街雖然檔次不同、風味不同、代表的社會和文化資本不同，但都在以自己的方式完成「全球化」。

旅遊業的繁榮帶動了酒店業——包括旅館、餐館、酒館和咖啡館，以及劇院、電影院的發展。烏特勒支街以林布朗廣場為起點，這裡擁有一直以來最受歡迎的劇院和電影院，同時緊鄰卡雷劇院，夜晚時這裡總是燈火輝煌、通宵不眠。近些年來，旅遊業收入和荷蘭民眾的個人可支配收入一起增長，餐館和咖啡館的數量迅速上升。從二十世紀八〇年代末到二十一世紀初，阿姆斯特丹臨街店鋪的比例從一二%爬升到四五%。

阿姆斯特丹的夜生活並非集中在紅燈區，夜間營業的酒館和咖啡館的數量上升，代表它們也是阿姆斯特丹夜文化的重要集散地。

夜文化在一定程度上並不依賴大型連鎖商店。在二十世紀六〇年代，幾乎和世界上其他地方一樣，阿姆斯特丹的大型連鎖商店迅速擴張，侵占了傳統小店鋪的地盤。但隨後人們發現，這些大型連鎖商店的入駐，嚴重影響了阿姆斯特丹獨特的城市文化。

今天，在烏特勒支街的店面中，只有不到一〇%由連鎖店占據，其他店面都是個人擁有的商店。因為店鋪的規模小，反而促進了店主和顧客之間的交流。

如果信步走進運河區著名的盧基小吃店，就會發現在不大的店鋪中放置了一張很長的桌子。這張桌子一整天都是社交中心，特別是晚餐時間。這家店鋪的三明治生意很好，因為店主會針對每個顧客的需求進行單獨準備，所以長桌邊總是坐滿了人。顧客們從中午開始，聊天歡飲，一直到凌晨。

咖啡店和位於街角的酒吧都是社會網路的重要節點，特別是在下午和夜間。事實上，烏特勒支街三分之一的街角都由酒吧占據，密度相比其他城市高出很多。而每一間酒吧都被設計成獨一無二的樣子，以迎合特定的客戶。由於這種精細的分工，遊客們自然會把這條街看作夜生活的必去之地。

一些商鋪也開始往「社交概念」發展，比如著名的「協奏曲」。「協奏曲」是一家傳統老店，擁有五間店面，主要出售專業的音樂唱片、書籍和高級音響設備。但隨著數位化和網路化的發展，大量音樂和書籍都可以線上下載，因此「協奏曲」這樣的老店流失了很多顧客。為了保持自身的影響力，「協奏曲」商店開始轉型，每到星期日就會贊助現場表演，還會承接一些音樂發布會，而且開始在店內賣咖啡。

和紐約、東京等人口眾多的大都市不同，阿姆斯特丹這樣的古老小城保留了小城市才有的人情味和親密性。來到阿姆斯特丹的人們，很容易被這種家一般溫暖熱絡的氛圍感染，舒舒服服地徜徉其中。和遊覽紐約與東京那種瞠目結舌的震撼不同，很多前往阿姆斯特丹的遊客有這樣的體驗：如很多歐洲城市一樣，自成一體的阿姆斯特丹有著一定的封閉性，溫暖親切。

在阿姆斯特丹，夜文化的主要功能是「社交」，從乳酪店經理到新開的咖啡店店主，每個人都將這座城市形容為「都市村莊」，大多數店主每天都在店裡工作，所以他們認識顧客，也互相了解。一個咖啡店主這樣說：「這就像是大城市裡的小村莊，人人互相認識。」這種親密性會讓外來客有家的歸屬感，店員和店主會隔著傳統櫃檯和客人們聊天，不管你是來自隔壁的居民，還是國外的遊客。對於這個「都市村莊」來說，每個人都是社交群體中的一員，都值得用對待親人的態度去服務。

這是阿姆斯特丹的獨特味道，擁抱你就好像你昨天剛剛離開，它給予小社區的溫暖，沒有大都市冷漠的疏遠。

網路社會的興起，意味著「社交」這一主題得到更大的突顯，所以市場會自動選擇有「社交」功能的生意做為更成功、更有前景的經濟模式，這是在阿姆斯特丹的夜經濟中被證實的。傳統的性產業愈來愈被邊緣化、模糊化，而那些代表「社交」的夜文化，在一定程度上，才是阿姆斯特丹夜間經濟的真正支柱。

夜晚的紐約：藝術和個性的聚集地

紐約曾經被叫做「新阿姆斯特丹」，所以，說完阿姆斯特丹，讓我們一起來看看紐約吧！

這個世界上沒有比紐約更能代表國際化、現代化的城市了。對很多人來說，紐約是一個夢，一個富麗堂皇又變幻莫測的夢。

紐約雖然不是美國首都，卻是美國最大、最繁榮的城市，市區總面積九百多平方公里，人口一千二百多萬，既是世界著名的國際大都會和金融中心，也是世界經濟、交通、商業、旅遊和文化藝術的中心。

數千座摩天大廈、數百個旅遊觀光景點和數不清的娛樂場所大多集中在曼哈頓地區。外來遊客白天可以做一番美術館巡禮，在唐人街或義大利街填飽肚子後，晚上可以到百老匯、第五大道、四二街領略紐約的夜生活。

夜幕降臨後，白天被汽車塞滿的街道，由燈光和音樂開始接管。無論你是舞迷，還是爵士樂迷，總能找到通宵達旦狂歡的地方。你可以參加巡迴狂歡樂隊的派對，也可以一頭栽進最時髦的酒吧，一邊品嘗復古禁酒令時期的雞尾酒，一邊欣賞表演。

身在不夜城，你還好意思一早回去睡覺嗎？想想老牌巨星法蘭克・辛納屈（Frank Sinatra）的勸勉：「你不應錯過紐約的魅惑和狂野。」

在徹夜喧鬧的「中場休息」時間，不妨找一處天臺，或者沿著河邊漫步，領略曼哈頓迷人的夜景。丹波有最美的天際線，夏季布魯克林大橋和曼哈頓大橋之間的落日景觀美得令人窒息。

如果想度過一個音樂之夜，那些地下、小眾的樂隊經常在類似「喬的酒吧」（Joe's Pub）的地方演出，你還可以躺在「夢屋」（The Dream House）的地板上，聆聽極簡主義藝術家和音樂家拉蒙特・揚（La Monte Thornton Young）和瑪麗安・扎澤拉（Marian Zazeela）的演出。

紐約永遠有世界上最好的派對、最好的主題、最好的服飾、最好的音樂、最有趣的人、最少的偽裝，這就是夜晚的紐約，讓人捨不得睡覺。

根據美國有線電視新聞網的民意調查，與歐洲的巴黎、亞洲的東京和香港相比，紐約的夜生活無論在豐富程度還是愉悅指數上都表現得更好。每到週末，通往曼哈頓的林肯隧道、荷蘭隧道和華盛頓大橋、昆斯博羅橋上，汽車大排長龍，沿途巨型看板上閃爍著「紐約是個不夜城」的字樣。

在遊客心目中，曼哈頓島上摩天大樓的夜景，紐約時報廣場的燦爛霓虹，以及在四十多座百老匯劇院中上演的，堪稱世界上最刺激、最動人、最壯觀的娛樂節目，才是真正的夜生活。

由於文化、民族背景和富裕程度不同，在紐約享受的夜生活也千差萬別。有錢人可以乘坐直升機上島，從甘迺迪國際機場直飛距離帝國大廈幾條街之隔的三四街停機坪，時間只需七分鐘。在這七分鐘裡，他們可以欣賞FDR高速路上堵成停車場的盛況，然後再優哉游哉地入住中央公園附近價格不菲的酒店。吃完晚飯後，到百老匯購買上千美元的前排票欣賞表演，還可以乘坐每分鐘五美元的馬車逛逛中央公園。

對大多數普通消費者來說，他們坐幾十美元的火車，或者幾美元的地鐵進入紐約；吃兩個價值五美元的路邊熱狗，喝一杯小咖啡店三美元的咖啡，一樣能讓自己肚子舒舒服服的；晚上，排隊買五十美元一張的門票，也能在四二街看到精彩的表演；看完演出，華燈初上，紐約的夜生活剛剛開始，滿大街都是熱氣騰騰的人群，不妨踱步到一間普通的酒吧或餐館，買幾瓶啤酒，點一份十美元的套餐，迎面吹來大西洋的晚風，如此也可以消磨一個美妙的夜晚。

不論消費多少，能體現紐約最典型夜生活的內容，都離不開「逛藝術館、吃一頓飯、看一場秀、進小酒吧、住一夜酒店」。這個總結倒是一語道出了紐約夜生活的實質，那就是藝術和個性。

很少有地方像曼哈頓一樣，在如此狹小的地方擠進這麼多美術館，曼哈頓上東區是博物館聚集的地方。

第五大道八二街和一〇五街之間的區域，被稱為「博物館大道」，這裡雲集了十餘家重量級美術館，從最南端的大都會美術館，到最北端的非洲藝術博物館，博物館大道像一條時間之河。猶太人博物館、庫珀·休伊特國家設計博物館、波多黎各美術館、古根漢美術館、新藝廊、紐約市立博物館、歌德學院都整齊排列在河流兩岸，如熠熠生輝的美麗珍珠。

初出茅廬的藝術家、音樂家和學生往往被下東區的低廉租金所吸引，他們在二十世紀八〇年代紛紛搬到這裡，將下東區變成了文化消費目的地。

一九九二年，下東區分租公寓委員會在街道最北端十九世紀六〇年代修復的公寓裡成立了。這是一個鬆散的房東組織，用以對租戶進行甄選和鑑別，一些低端零售業和廉價服務業被有選擇地排除了。小型博物館、美術館、畫廊、禮品屋和導遊服務做為主體商業被大規模地吸引進來。很快，這裡就招攬了大量遊客，他們喜歡下東區的藝術環境和精緻氛圍。隨著消費者的增加，愈來愈多投資者也蜂擁而至，他們認為這裡已經成為餐館、酒吧、零售商店還有一流畫廊的完美選擇。

後工業時代的當代藝術都集中在切爾西區。

傳統意義上的切爾西區，指的是曼哈頓西城一四街至三〇街，八大道至十大道圍成的區域。走進這個區域，你會看到一排排十九世紀中期修建的棕色磚房掩映在樹叢之中。過了九大道，景觀豁然開闊，一排排規整的廠房分布在街道兩旁。這裡曾是紐約的老牌工業區，經營著許多化工蒸餾廠和肉料加工廠。隨著後工業化的到來，老牌工廠慢慢凋零，留下為數不少的廢棄廠房。這些廠房高大、寬敞、充滿原生態的味道，有不同於寫字樓和商業樓的風格，深受文藝愛好者的青睞。二十世紀九〇年代末，隨著SOHO畫廊區租金高漲，許多畫廊和藝術家轉移到了地價相對較低的切爾西區。

如今一八街和二八街之間、九大道以西的區域擁有二百多家畫廊。這些畫廊的一樓大多有巨大的落地玻璃窗，走在街上就可以看見形形色色的藝術作品展示在空曠的白色空間中。秉持「少即是多」的信念，畫廊都採用白盒子般的空間，以便最大程度地展示藝術品。到了夜晚，燈光從玻璃窗中透出來，形成美麗炫目的光暈，在綠樹成蔭的街區襯托下，顯露出獨特而迷人的魅力。

紐約除了上述藝術區外，還有布魯克林的丹波。

丹波(DUMBO)是藝術家聚集的新區，名稱來自「Down Under the Manhattan Bridge Overpass」（曼哈頓橋下區域）的縮寫。從名稱就可以看出它位於東河河岸、布魯克林大橋和曼哈頓大橋下，丹波是布魯克林的新興區，與曼哈頓下城隔河相望。

一走進這個區域，隨處可見彩色塗鴉，覆蓋了廢棄倉庫改建的工作室和個性商店的外牆，與橋下的活水公園遙相呼應。

丹波的興衰和切爾西類似，十九世紀末，這裡本來是工廠區，有巨型倉庫、機械製造廠和紙盒製造廠。隨著製造工業的衰落，留下了老建築和廢棄廠房。二十世紀七〇年代末，紐約ＳＯＨＯ區地價上漲，藝術家們為了尋求新的發展空間，跨越東河來到這座荒蕪的濱河小鎮，將大型的廢棄倉庫改建成充滿時尚氣息的ＬＯＦＴ空間。直到現在，這裡還可以看到工業時期留下的黑色鵝卵石街道和貨運鐵軌的遺跡。

二〇〇七年，紐約市歷史建築保護委員會將這裡定為紐約市第九十個歷史保護區，引導更多舊空間改造為設計工作室、畫廊、劇院、書店和咖啡店。

如果你喜歡看好萊塢電影，一定在電影裡見過丹波，因為不少電影在這裡取景。《女人香》裡的盲眼退休少校開著法拉利帶著年輕學生在這一帶飆車；《紐約我愛你》中娜塔莉·波曼 (Natalie Portman) 扮演的猶太女孩和未婚夫見面的地方也在丹波的布魯克林大橋公園。

從丹波出來，迎面而來的是東河，對面的曼哈頓披上燦爛的雲霞，閃閃發光。你可以看到東河裡湍急的水流，水面上搖擺的桅杆，以及被夕陽照亮的海鷗在高空劃過。曼哈頓的天際線就在對面，等夜色降臨的時候，天際線會慢慢隱入這個五光十色的大都會裡。

在紐約，你會看到形形色色的藝術家，看到各種光怪陸離的美術館和音樂吧，那裡展示著世界一流的藝術。藝術永遠都是最吸引人的，對一個城市來說，這是靈魂所在。紐約之所以是紐約，是因為它有屬於自己的藝術性，這是歷史的沉澱，也是它獨一無二的氣質使然。

除了藝術性，紐約夜生活的另一個重要方面是個體性。

雖然全球化已成為浪潮，席捲一切，但事情並不總是絕對的，一些人就是願意保持更獨立的消費方式，就算口味已經全球化，他們也未必能以這種態度對待別人或其他社交圈。

真正在紐約享受夜生活的人，有一半多都不是紐約人，而是來自世界各地的遊客和住在紐約附近的居民。有人統計過，在夜晚的曼哈頓島上「瘋癲」的三百多萬人中，本地居民不超過一百萬，其他都是外國遊客和來自美國各地的「外鄉人」。

全球化催生了體積龐大的商業模式，大型連鎖商店擠進世界的每一個角落，憑藉雄厚的資金和產業化的管理模式，飛快地占據每一個城市最好、最繁華的地段。也許在某一段時間裡，他們因為提供了一站式服務，為自己爭取到很多客戶和資源。但隨著「九〇後」成長，以及網路技術普及，人們愈來愈呼籲個性化。漸漸對連鎖店千篇一律的模式和毫無個性的商品倒盡胃口，消費模式甚至開始「退化」，更喜歡「十站式購物」：在不同的地方購買不同的商品，而不是跑進一間大賣場搞定所有消費。因為「十站式購物」不僅是為了購買商品，還為了得到購物過程中的陪伴和儀式感，這是只有小店鋪、小商家才可以提供的。

紐約在這方面可謂得天獨厚，因為世界上沒有一個城市和紐約一樣有這麼多移民；也沒有一個城市和紐約一樣可以在同化移民生活模式的同時，保留他們文化的特異性。

根據美國勞工部公布的資料統計，二〇一五年共有二千六百三十萬外國出生的移民在美國工作，占全美勞動人員的一六．七%。這一年，外國出生的移民家庭為美國貢獻了一千零六十九億美元稅收。從二〇〇四年到二〇一四年，移民占了美國勞動力擴充的四七%。其中，西語裔人口占了美國移民勞動人員的四八．八%，亞裔為二四．一%，白人為一六．八%，非裔為九．二%。移民不只是生活在底層的外來人口，據統計，移民或移民的子女建立了四〇%的《富比士》五百強企業，包括Google、蘋果和英特爾。

移民為美國帶來了活力，而紐約州的移民比例更是達到了二二．六%之高，這還沒有計算無註冊移民，如果這部分移民也計算在內的話，紐約的移民比例無疑會更高。

移民帶來了勞動紅利，也帶來了母國文化。美國文化對移民的包容度很高，他們可以在美國生活得十分自在。正是因為這種自在，讓外來移民可以盡最大可能地保留自己的文化，為所在城市貢獻出獨特的文化味道，注入新鮮血液。

最先在紐約開展生意的是猶太人，他們以吃苦耐勞、堅毅執著和有生意頭腦著稱。大部分猶太人從手推車起家，他們走街串巷叫賣零散物品，慢慢增加營業額，最後發展為開辦真正的實體店。猶太人多以零售商的面目出現，隨著財富的積累，慢慢退出零售小商店的舞臺。隨後，巴基斯坦、俄羅斯和華人移民開始接管了他們的地盤。每一個國家的移民都因為獨特的文化傳統而有自己的銷售領域，比如說華人主要集中在餐飲業，巴基斯坦人喜歡經營雜貨鋪，俄羅斯人經營麵包房，多明尼加人經營裁縫鋪。

如果說前幾代的移民夢想以小型零售業為起點，再進行向上的社會流動，那麼現在這種類型的經營模式卻面臨消失可能，取而代之的將是以市場為中心的商業仕紳化，這是由移民結構改變引起的。

以華人移民為例，大家對二十世紀八、九〇年代的出國風潮或許還有印象。就好像《北京人在紐約》這部電視劇所描述的，那個時代的移民以能夠在美國立足為最高目標，所以含辛茹苦、堅韌不拔，從低端、低回報、勞動密集型實體出發，掘取第一桶金，然後向社會上層攀升。

這種情況下，他們從事的商業活動有很強的過渡性，也不追求可持續性，可以說只是在這個城市立足的工具。他們用一個小生意養家糊口，幫自己爭取移民身分，替自己的家庭帶來向上攀升的階梯，僅此而已。

但今天的華人移民和以前不可同日而語，他們資金雄厚、眼界開闊，來到這片土地上並不希求留下來的機會，反而更看重這片土地能為自己帶來什麼樣的機會。主客體的角色發生了變化，他們對怎麼經營自己的事業也有了不同的規劃，反過來，這種規劃也為紐約注入了新的活力和商機。

不僅是華人移民有這樣大的變化，整個紐約的移民結構都發生了變化。相較於二十世紀八、九〇年代，如今新的企業家移民愈來愈多，而且幾乎全部來自富裕國家，他們帶來大量的資金和獨特的文化，涉足高級服務業和奢侈品行業。

時代愈來愈呼喚個性化和小眾化，最有生意頭腦的商人都以抓住夜生活的商機為目標。大型連鎖店在紐約雖然依然占據著最昂貴的地區，第五大道摩肩接踵的奢侈品商店依然有絡繹不絕的客源，但時尚有品位的小眾商店也生機勃勃，甚至比以往任何時候都更有活力和前景。

這個時候，我們不妨舉個例子，說說曼哈頓下城緊鄰唐人街的柯察街。

柯察街十分狹窄，只有六個街區長，從北邊臨近東村的豪斯頓街到南邊唐人街邊界的地威臣街。它是下東區最著名的商業街道，布滿玲瓏剔透的精品店和小酒吧。這個社區的居民幾乎都是歐洲移民，僅包括少數拉丁美洲和亞洲的移民，以及「新波西米亞」藝術家和充滿創意的年輕人。

但是以前的柯察街可不是這個樣子，又擠又亂，毫無章法。文學評論家歐文．豪(Irving Howe) 曾用尖銳的語言描述過二十世紀第一個十年的柯察街，他說：「這裡亂七八糟，很難讓人喜歡。公寓擠滿了過度擁擠的大家庭，所有人都在瘋狂地搶占空間。」當時的大街上，除了猶太人的肉店、糖果雪茄鋪子、各種各樣的廉價零售店鋪之外，還有如小蜜蜂般的小販滿街飛舞，他們熱烈地叫賣，讓整個街頭更加擁擠不堪。在大多數美國人眼裡，柯察街就是骯髒吵鬧的猶太裔貧民區。

到了二十世紀五、六〇年代，紐約城市規劃委員會終於看不下去了，他們聯合當時勇於創新的市長，決定大幹一番，將這一區域變成現代化的街區。借助聯邦基金和城市基金，他們拆除了亂七八糟的分租公寓，啟動高層住房項目，甚至禁止手推車和街頭販賣活動。這兩項措施導致柯察街居住人口減少，食品商店關閉，卻產生了另一個良性結果，那就是高端零售商和服務業集中出現了。

整治後的街面乾淨整潔，更加吸引人，房東對房屋的租賃也必須透過政府許可，一些低端生意因此被淘汰了，小型博物館、禮品屋、酒吧、有個性的咖啡館迅速湧進來，很快，柯察街就成了文化消費目的地。而這種氛圍又反過來鼓舞了這條街上的產業鏈條，愈來愈多遊客被吸引過來，更多資金雄厚的時尚精品店和躊躇滿志的大廚來到這裡。人們發現，抓住夜生活才是商機所在，因為這種商業模式最符合紐約精神和整體形象。一九九〇年以前，這條街還沒有像樣的吃飯地方，到了二〇一五年，六個街區就有十八家餐館和九間酒吧，還有七家畫廊，很大一部分商家通宵營業。

過去十年裡，柯察街和整個下東區新開的精品店數量顯著增加。它們來自世界各國，針對不同客人提供私人訂製，在這裡，你看不到千篇一律的商品，原創性和個性審美才是主流。

每年五月，這裡都會組織春季藝術月，商家會在這一個月裡盡可能地展示自己的獨特文化。只有在紐約，你才有可能看到最偏遠地區的文明。在九月紐約時裝週，柯察街還會舉行藝術時尚之夜，來自世界各地的設計師會和當地設計師一起參加街頭聯歡，為紐約夜生活帶來獨一無二的色彩。

紐約是城市兩面性的最好範例。它的白天屬於金融和政治，是剛性的，是鮮衣怒馬的，處在世界之巔。但是，到了夜晚，紐約是屬於文化和藝術的，是柔性的，是和煦柔風、七彩斑斕的，沒有任何進攻性，反而產生出一種溫存的包容性。

這種柔性不僅為城市帶來色彩，也貢獻了紐約服務業四三%以上的銷售額。而對於一些下午六點才開門的小酒館來說，夜晚才是關鍵所在，掌握了夜晚，就掌握了一切。

紐約的夜生活就是從藝術和個性這兩個方面彰顯自己的獨特性。其實，這未嘗不是夜生活的方向所在。基本上，一個城市有了自己的個性，有了自己的審美，它的夜生活就水到渠成了。

夜晚的東京：全球化和原真性的融合

著名生活雜誌《Monocle》每年都會出具一份全球城市生活品質排行榜。這份榜單會綜合城市安全度、國際連線性、陽光氣候、建築品質、公共交通、城市寬容度、環境問題、城市設計、商業條件和醫療保險等方面替城市排名。二〇一六年的榜單不僅關注了城市白天的情況，同時也關注了夜幕降臨後的城市是否依舊有活力。

夜間經濟有廣義和狹義之分，前者包括人們在夜間開展的一切經濟活動，包含商品和服務的生產、交換和消費；後者僅包括人們在夜間開展的以商業零售、住宿餐飲、休閒娛樂、商務辦公、體育健身等服務業為主的經濟活動。

在評選活動中，《Monocle》指出：「開放城市夜晚的活力，對我們每個人來說都會自由一些」、「將夜晚的人們拉進城市中，也會讓街道感覺更安全」。

二〇一六年，奪得該榜單榜首的是東京。《Monocle》主編布魯爾（Tyler Brule）表示，東京最吸引人的地方在於晝夜經濟，他說：「當別的城市還在討論如何運行二十四小時『不夜城』時，東京已經做到了。」

二〇一四年排名第一的城市是雪梨，它的「夜生活」於凌晨三點「閉幕」，而東京的夜店平均凌晨五點關門。

東京在二〇一五年就位列全球城市生活品質排行榜第一名，二〇一六年不過是蟬聯這一榮譽而已。

一提到東京，人們腦袋裡想到的一定是熱鬧非凡的新宿和歌舞伎町，以及後來居上的原宿。

新宿有「副都心」之稱，但多年來的發展，讓它顯然已超越中心部分的丸之內、銀座等地區。如今位於新宿西口的超高層大廈群已成為商業中心，新宿做為東京的「副都心」未免委屈了些，它儼然已是「新都心」的架勢。

新宿的活力可以從週末人群喧鬧的氣氛中體會出來。從一丁目到四丁目，吃喝玩樂全齊備，各種有特色的商店琳琅滿目，從「步行者天堂」（節假日指定時間內，主要街道禁止車輛通行，以供行人散步）到狹長小巷，所到之處皆是人山人海。能吸引很多人聚集，正說明新宿具有無限魅力。

新宿東口是著名的歌舞伎町，如果說新宿車站東口前是東京的購物街，那麼歌舞伎町則是東京唯一的娛樂中心。電影院、電動玩具城、迪斯可舞廳、酒吧等，從深夜到黎明，人群絡繹不絕，是個標準的不夜城。

歌舞伎町過去一直以娛樂為中心，購物活動並不占重要地位，但自從西武新宿車站的二十五層大樓完工後，一至八樓都是購物中心，布滿了各式各樣以年輕女性為銷售對象的服裝飾品店。

地下二樓可通往新宿最大的地下購物街，可連接JR（日本鐵路公司）山手線及其他軌道交通，另外也可連接伊勢丹百貨公司、紀伊國屋書店等處。

而最近才活躍起來的原宿，過去一直是幽靜住宅區，近來搖身一變成為流行服飾的中心，完全被年輕人占領，成為年輕人的時尚集散地。

原宿的主要大道為由櫸木夾道而成的「表參道」（星期日禁止車輛通行，供行人散步）。從JR原宿車站出來，右前方有座天橋，越過天橋後左手邊看到的就是「表參道」，兩旁林立各式各樣的服飾店、咖啡店、餐廳。一邊看著許多打扮時髦的青年男女，一邊逛逛兩旁的商店，輕鬆愉快的心情無可比擬。

除了「表參道」以外，原宿另有一條為人熟悉的「窄巷」——竹下通。這條位於JR原宿車站竹下出口正對面的小巷，細細長長直通明治大道。兩邊有無數小店面，大多是以青少年男女為消費對象的服飾店、小吃店、偶像周邊店、咖啡店等，節假日被洶湧的人潮擠得水洩不通，來此購物的人可以說以牛步在移動，但也別有一番樂趣。

隨著全球化的興起，日本經濟也面臨著同世界各國一樣的威脅。經濟的不確定性限制了顧客的消費能力，小型商業經濟體也面臨著跨國和本國的連鎖商店、超級商場的競爭。根據二〇〇九年《東京政府都市報告》的調查，東京這個擁有一千二百萬人口的城市裡，小型商業經濟體（少於五個員工）的數量，從一九九七年的九萬三千個減少到二〇〇七年的六萬三千個。

在經濟全球化的侵蝕之下，日本經濟需要走出一條獨特之路。特別是很多承載日本獨特文化韻味的小店，比如說和服店、脆餅店、蕎麥店，真的只能屈居一隅，充當釋放人們鄉愁的地方，然後在燈紅酒綠的都市夜生活裡淪為陪襯，最後日漸凋零嗎？

事實上，東京的夜生活之所以有那樣的魅力，恰恰是因為當地的商業街既充滿了傳統美學，同時也很靈活地提供人們需要的現代產品和服務。我們看到的東京是歷史感與潮流化並存的，是東西文化結合的。

東京夜生活的獨特魅力來自全球化和原真性的完美融合。

面對東京這座巨大的城市，我們不妨拿兩條小街來具體分析。一條是麻布十番，一條是下北澤。

麻布十番位於東京市中心南郊，因修建地鐵南北線和大江戶線而成為主要商業街。始於江戶時代，這條街上很多小餐館和小日用品店已經有二百多年的歷史了。但這條街並沒有陳舊的氣象，即使是小巷子，消費者也能在那些小而精緻的高級餐館或商店裡找到自己想要的高品質服務。

和麻布十番對比的是下北澤，它位於東京西郊，在小田急和京王井之頭鐵路線的交叉口，離市中心只有很短的路程。

下北澤縱橫交錯、歪歪扭扭的街巷讓汽車很難駛進。這裡一度商鋪林立，野蠻生長，從雜貨店、五金行到剃頭店都有，這些原生態的小店鋪專門提供專業服務和生活必需品，以滿足當地居民的需求。後來，這些小店鋪逐漸被很多精品店、酒吧、餐館和美髮沙龍取代，吸引更多時髦的人群前來消費。

兩個地區的商店類型都很有特色。

麻布十番以高級時尚服裝和美食聞名，到了夜晚，這裡坐滿了來自各地的饕客，每一家小餐館都座無虛席；下北澤以時尚音樂酒吧、小劇院和復古服飾精品店聞名。麻布十番有優雅的法式點心店，裡面擺滿了色彩斑斕的馬卡龍；而下北澤的二十四小時外賣店裡，則飄出納豆濃郁的香氣，這是日本人最喜歡的發酵過的獨特豆瓣醬香。

雖然麻布十番和下北澤各具特色，但這兩條街也有一些相同的特點，不妨讓我們近距離研究一下。

首先，麻布十番和下北澤都是比較特殊的「倖存者」，它們都維持著一種非常特殊的氛圍或環境，深深扎根在當地。讓它們都有濃郁的「日本風味」，相比其他巨型商業街、全球連鎖購物中心，更有原汁原味的感覺。

但它們對傳統的保存又非常靈活，傳統與現代的銜接非常順滑。日本總是很擅長模仿、融合和變異來自西方文化的元素，同時還能巧妙地保存自己的文化。

在麻布十番，受到西方文化的影響，這裡有法國餐館、手工巧克力作坊，隔空照搬過來的法國時尚咖啡館。很多在這裡開店的人的靈感來自他們在紐約生活時的體驗，所以西化是麻布十番剛進入商業街模式時最初的選擇。但是現在西化已經不是唯一的選擇了，一些店鋪模仿「韓流」或選擇有亞洲特點的風格，甚至再現「被遺忘的日本人」，於是各種各樣的商業風格共存於麻布十番。

下北澤的商店也受西方文化的影響，不過這裡的商店走的不是高級優雅的路線，而是模仿紐約東區常見的復古精品店，或是布魯克林威廉斯堡的音樂酒吧和紅酒吧。

顧客們來到麻布十番和下北澤就是為了感受這兩種截然不同的原真性。他們不僅想要有形的商品，更想要在充滿商業不確定性和文化遺失的地方找到「懷舊」、「恢復」，甚至是「反抗」的氣氛；想要消費當地無形的遺產，例如歷史和記憶。

全世界所有城市都面臨相同的問題，就是地方原真性遭遇了有同質化力量的全球資本主義。我們能夠看到日本夜間經濟的活力，但事情並非如表面上顯示的那麼簡單，好像開了居酒屋，開了深夜食堂，就可以完成夜生活升級一樣。

事實是，任何一個商業區的存活，靠的都是管理上的不斷創新和商業定位的不停調整，想一勞永逸地解決所有問題是不可能的。

在二十世紀八〇年代中期，麻布十番附近的路邊曾立著一個醒目的看板，上面寫了一句奇怪的話：港區裡的西藏。在日語裡，「西藏」一詞用來形容公共交通難以到達的地方。

東京的核心地帶被劃分為二十三個區，麻布十番位於港區，是這個地區的中心。如今的麻布十番占據著河流低地，三面環山，歷史上與城市的其他部分是隔絕開來的。從這一點來說，麻布十番很長時間都做為東京的「西藏」存在。

隨著私家車增多，城市有軌電車在二十世紀六、七〇年代暫時消失了，意味著沒有任何公共交通可以進入麻布十番。雖然不利於麻布十番吸引外面的顧客，但也因此在某些方面保留了自己的原生態。

在繁榮的二十世紀八〇年代，當日本為經濟成就歡欣鼓舞時，麻布十番被發現了，並成為一個充滿新鮮感的好地方，吸引很多人來此開設商家和酒吧。

麻布十番靠近有名的夜生活區六本木。一九八四年時，一家高級迪斯可舞廳把大本營搬到這裡，這家歌舞廳名叫「王公」，是狂亂投機的「泡沫」經濟的產物，但這家歌舞廳幫助麻布十番塑造了一個高級商業區的形象。可惜好景不長，八〇年代的後半段，麻布十番因快速上升的房價和隨之而來的經濟「泡沫」破碎而災難不斷。

但是，麻布十番很快迎來了翻身機會。

二十一世紀初，這裡修建了第一座地鐵站，為麻布十番帶來一波新的投資浪潮。三年後，附近建起了六本木之丘，這是一座巨大的、高樓林立的、混合使用的開發住宅社區。

這為麻布十番帶來了新的人口，於是奢侈品商店、獨立產權公寓、高級餐館和金融公司的辦公室，以及電影院和藝術博物館都競相湧進這個昔日的「西藏」，整個地區高端大氣上檔次的形象被強化了。

如今漫步在麻布十番的街頭上，映入眼簾的是公寓高聳的玻璃幕牆，沿街走下去，你還會看到很多老舊低矮的建築，那裡常會有一塊牌匾，告訴你該店正在舉行百年店慶。很多世代在麻布十番做買賣的老闆對這裡有依戀之情，他們翻新了舊的木質建築，讓它們看起來古樸，但清爽乾淨。在這裡你能看到星巴克，還有白人母親推著嬰兒車路過，為即將到來的萬聖節盛裝打扮。與此同時，你一樣能看到隱藏在大招牌下面的典當鋪、小美髮店、居酒屋和音樂吧。

現代與傳統，世界和日本，完美地在這裡融為一體。這會讓人產生一種時空重疊的感覺，彷彿在歷史和現代中穿行，令人神情恍惚。地鐵的開通導致遊客數量直線上升，對於夜間經濟來說，旅遊業是助動力，是加速力，所以麻布十番的店鋪種類悄然而迅速地發生著變化。

那些向附近居民售賣日用品的商店，例如榻榻米店、藥店和家居用品店的數量下降了，相較之下，咖啡館、餐館和酒吧的數量激增，同時增多的還有藝術畫廊和健身房。

有一個判斷城市商業發展模式是不是新型仕紳化的標準，那就是商業店鋪是否為ABC類型。ABC即藝術畫廊（Art Galleries）、精品店（Boutiques）和咖啡館（Cafes），這些也是夜間經濟的實體支柱。

我們不妨看看一九八七年、二〇〇三年和二〇一五年麻布十番的零售業情況。

從下方這張表可以很明顯地看出，麻布十番二〇一五年的連鎖店數量比二〇〇三年翻了一番，這反映出該商業街在經濟模式上的轉型方向。麻布十番不僅享譽東京，時髦又傳統的氛圍還吸引了很多慕名而來的日本其他地區和海外的遊客。

能夠生長出一種既有「和風」又有「世界大同」的混合氛圍需要極其複雜的

商業類型	1987年		2003年		2015年	
	總計	連鎖店數量	總計	連鎖店數量	總計	連鎖店數量
服裝	23	0	33	0	43	3
雜貨店	42	4	35	5	39	7
咖啡店	72	1	78	4	114	8
日用品店	52	1	55	1	37	6
服務	36	7	32	8	60	14
其他	19	0	27	0	28	0
總計	253	13	260	18	321	38

來源：麻布十番商店街振興組合，《十番網路月刊》

策略，在麻布十番，社區周邊獨一無二的特色在一定程度上支持著它。麻布十番沒有採取模仿其他商業區的老套模式，而是用更加當地語系化的方式接受全球化的策略，巧妙利用了當地豐富的資源和歷史遺產。

正是歷史與地理的互相作用，創造出麻布十番「全球化原真性」的特殊平衡。既給我們一種「日本風情」的懷舊感，同時它的商業模式和消費群體，又喚起了人們對西方文化的感覺，這些層次感共同塑造了麻布十番的生動形象。

下北澤的發展方式和麻布十番不同。

在下北澤，你會遇到很多酒吧，這些酒吧會一直經營到凌晨。但是，哪怕你喝醉了，在下北澤行走也不必擔心，因為這裡的人多半都是步行，很少有汽車經過。事實上，周邊區域連一個紅綠燈都沒有。

這裡街道狹窄，還有很多細小胡同，無須借助大型交通工具就可以遊歷整個區域。在室內設計與建築規劃中，有一個名詞叫「人體尺度」，指在某個環境中，能讓個人產生舒適感的範圍和個人需要的安全限度。如果不太清楚日本大部分城市的人體尺度，不妨來下北澤走一走，你會對這種尺度有一個感官認識。這種尺度就是美國文化景觀學者賈斯特·

利布斯（Justice Libbs）所稱的「自行車社區」。人體尺度狹小導致下北澤店鋪密集，街道北邊有許多服飾店、異域風情的咖啡店、裝修精緻但價格合理的法國和義大利餐館，大多深受年輕女孩子的歡迎；而在南邊則有許多面向年輕男士的酒吧、音樂俱樂部和二手服飾店。

但這裡一樣有跨國和國內的連鎖店，從麥當勞、UNIQLO到餃子的王將，應有盡有。這種混搭模式讓下北澤成為東京最有活力的購物區之一，這裡以「潮人」和「地下文化」聞名。

但下北澤的發展也有自己的傳奇色彩。

這個地方是在一九二一年關東大地震後被開發成居民住宅區，第二次世界大戰期間，下北澤奇蹟般地躲過盟軍的轟炸，讓這裡的傳統建築和文化特徵得以保存下來。戰爭過後，許多小商販聚集到火車站附近販賣稀有商品，漸漸形成一條黑市管道。接下來的幾年中，眾多小商店在這裡開張，慢慢蠶食了這片住宅區。因為缺少市政府的干預，這種混亂無序的商業模式一直持續著。

這樣的結果是街道一直很狹窄，沒有什麼高樓建築，在東京的商業中心並不常見，但就像最近才有公共交通的麻布十番一樣，特殊的經歷使得下北澤擁有獨一無二的魅力。

二十世紀六〇年代，火車站南邊開始了針對商人的治安管理活動。七〇年代中期，一些原來經常去新宿區的商店、酒吧和餐館的年輕人搬到了下北澤，這對當地來說是一個成為「年輕人社區」的轉捩點。一九七九年，下北澤舉辦了音樂節，吸引了超過四千八百人參加，小型的現場音樂酒吧也在這片社區開張，併發出了波西米亞文化。一九八二年，本多劇場在附近對外開放。八〇年代後期，媒體開始宣傳推廣下北澤是年輕一代人的地盤。

下北澤獨一無二的風格就是從那時被強化的，當時東京其他的商業區由於城市重新開發而被推平，失去了往昔的風采，那些漂亮招搖、以人為本的步行街被高樓大廈掩蓋，人們只能去下北澤這種地方去尋找。

下北澤吸引了更多獨立經營的咖啡店、非主流精品店和音樂銷售店，讓這裡多了一些政治自由的韻味和時髦的風格。根據 MTV Japan 網站的說法：「如果說哪裡是東京現存的獨立音樂和藝術文化的核心地，那就是在郊區的下北澤了。」很多線上旅行網站通常也將下北澤形容成東京最時尚的社區之一。

在下北澤有數以千計的商店、餐館和服務機構，我們可以看看下頁的表。

從表中不難看出，餐飲行業是下北澤的主導，這裡有二百八十三間餐館，一百四十四間咖啡館和酒吧。這裡也有接近四百家「服務性質」的商店和超過二百間服裝店。不過賣食品和雜貨的商店不多，只有三家超市和七間便利商店。下北澤的商業格局反映出它是「生活式」的購物區，定位於年輕消費者。

和麻布十番不同，下北澤並沒有悠長的歷史，一個世紀之前，這裡只是普通的小農村。第二次世界大戰前，隨著鐵路的建設和新城市居住區的建立，下北澤被開發成典型的東京郊區。

二戰幫助下北澤創造了自己的特點。第一，下北澤幸運地躲過炸彈的轟炸，使其能維持以前方便行人、狹

商業類型	總計	個體私營點	地區連鎖店	國內連鎖店	未知
餐館	283	175	81	25	2
咖啡館和酒吧	144	129	12	3	0
貨物買賣	176	102	58	15	0
雜貨	20	15	5	0	0
服裝	218	139	70	7	2
便利商店	7	0	0	7	0
超市	3	0	1	2	0
服務	376	261	81	34	0
總計	1,227	821	308	93	5

來源：明治學院大學服務部

窄街巷的實體結構。第二，車站附近開設的黑市使這一地區成為吸引大家前來購物的地方。

然而這些原因還不足以讓下北澤擁有「原真」的特徵，它和麻布十番不同，沒有傳統的「和風」文化，但下北澤也找到了自己的原真性，就是嬉皮文化。

下北澤的嬉皮文化主要是從二十世紀六、七〇年代的美國引進，這裡的商店和俱樂部透過爵士樂、搖滾樂、時裝、酒精飲料、咖啡、書籍和其他文化產物，把美國嬉皮文化傳輸給日本消費者。

二十世紀七、八〇年代，一種新興文化充斥著下北澤，融合了新的西方潮流和日本傳統文化。下北澤的搖滾樂團開始創作和演唱日語搖滾樂歌曲，而不再只是模仿美國和英國的搖滾樂隊。一些咖哩餐館也致力開發一些新的、在印度本土找不到的咖哩菜色。

另外，一九八二年開放的本多劇場也幫助社區成為業餘戲劇愛好者們的朝聖地。因此，很多小劇場和音樂酒吧如雨後春筍般出現在社區裡。

這些改變讓下北澤成為一個新城市文化和 DIY（Do It Yourself，自己動手做）文化的孵化器，就好像曼哈頓的東村和布魯克林的威廉斯堡一樣。

可見下北澤的發展走了和麻布十番不同的道路，它並沒有過於強調傳統「和風」的價值，而是用日本的方式過濾了西方文化。

今天的下北澤開始做為美國亞文化的展示地出現，也漸漸創造出獨一無二的日式文化。二〇一三年，《米其林指南》第一次將日本的下北澤定為一星的旅遊目的地。這本旅遊書羅列了評判標準，包括「豐富的文化遺產、大量的休閒活動和原真性的魅力」。從這樣的評價，我們可以看出，下北澤已經能夠在文化和經濟全球化的背景下形成強烈的地方原真性，是的，下北澤成為潮人集散地，成功地形成了獨特的魅力。

不管是麻布十番，還是下北澤，這兩條商業街的存活，靠的都是管理上的不斷創新，原真性成為它們的商業定位。

和世界上其他地方一樣，日本的商業街面臨著大型連鎖商店、巨型購物中心和品牌折扣店的蠶食，更別說還有全球連鎖店激烈且不公平的競爭，地方商業區必須面對威脅採取應對策略。

東京的商業街展示出令人印象深刻的文化包容性，這種包容的力量創造了原真的公共空間。但這並不意味著一勞永逸，消費人群的喜好總是變化莫測的，特別是隨著數位革命和資訊產業的發展，人們口味發生變化的速度比以前更快，可以說這是一個商業模式的淘汰率比以往任何時候都大的時代。現在的成功並不意味著永遠，成功只代表了過去，還需要更多努力。原真性購物街必須根據人口變遷而不斷適應新的環境，重新成為多元文化的講述者。

全球化的參與者了解原真性的真正價值，就像我們前面說過的麻布十番和下北澤，它們試圖鼓勵商業文化中「倖存的」甚至「反抗的」氣質，成為全球商業景點名單中的一員，很明顯，它們成功了。不管是麻布十番，還是下北澤，過去都被形容為過時的地方，但現在呢？它們是《消費導刊》、《米其林指南》和其他購物娛樂網站上的成功案例。

這兩個商業區的成功無疑告訴了我們，東京之所以成為東京，在於它的靈活與寬容，既能保留「原真性」，同時也參與了「全球化」的浪潮之中；既保留了文化傳統，又激發了自由商業模式。城市的魅力，全來自於此。

夜晚的上海：古老「帝國」的韌性

上海的韌性，一定要從它的歷史說起。

上海，簡稱「滬」，別稱「申」。大約在六千年前，現在的上海西部已成為陸地，東部地區成為陸地也有二千年之久。相傳春秋戰國時期，上海曾是楚國春申君黃歇的封邑，故上海別稱為「申」。西元前二二三年，秦滅楚之後設立會稽郡，治所在蘇州。會稽郡轄繆縣、由拳縣和海鹽縣。繆縣包括今嘉定、上海兩縣及青浦、松江兩縣大部分和市區部分地區。

西元四、五世紀時的晉朝，松江（現名蘇州河）和濱海一帶的居民多以捕魚為生，他們創造了一種竹編的捕魚工具叫「扈」，又因為當時江流入海處稱「瀆」，因此松江下游一帶被稱為「扈瀆」，以後又改「扈」為「滬」，故稱上海為「滬」。

而上海真正建城要等到近一千年之後了，元朝至元二十八年（一二九一年），正式建

「上海縣」，這是上海建城的開始。到了明代，上海地區商肆酒樓林立，成為遠近聞名的「東南名邑」。明末清初的時候，上海的行政區又進行了沿革，逐步形成了今天上海的規模。一八四〇年鴉片戰爭前夕，上海縣東至川沙，南鄰南匯，西接青浦，北連寶山，已經頗具規模了，儼然一副大郡的樣子。這個時候的上海縣城裡，有街巷六十三條，商店林立，鮮萃羽集，被稱為「江海之通津，東南之都會」。

但是上海進入現代城市的發展模式，還要從開埠說起。

鴉片戰爭戰敗後，一八四二年八月二十九日，清政府與英國簽訂了《南京條約》。條約第三款規定：「自今以後大皇帝（清道光皇帝）恩准英國人民帶同所屬家眷寄居大清沿海之廣州、福州、廈門、寧波、上海等五處港口，貿易通商無礙。」

接著，英國又以「理定善後事宜」為藉口，於一八四三年十月八日又和清政府簽訂了《虎門條約》。條約第九款規定：「在萬年和約（指《南京條約》）內言明，允許英人攜帶眷赴廣州、福州、廈門、寧波、上海五港口居住……但中華地方官必須與英國管事官各就地方民情擬於何地方、用何房屋和基地，係准英國人租賃。」

同年十一月八日，英國首任駐上海領事巴富爾(George Balfour)到任。他根據《虎門條約》向上海道臺宮慕久要求劃出一塊土地做「居留地」，專供英國僑民使用。宮慕久居然以為華洋分居能避免「糾紛」，默許巴富爾的要求。

巴富爾在十一月十四日發出通告，宣布上海於一八四三年十一月十七日正式開埠。

上海被迫開埠後的一百多年裡，列強紛紛侵入上海，他們在上海競相設立租界。先是英國於一八四五年在上海建立租界，接著，美國和法國也分別於一八四八年到一八四九年間在上海建立租界。後來英、美租界合稱為「公共租界」。從此之後的一百多年裡，上海成了名副其實的「冒險家的樂園」。

當時國家積弱，租界成為海外列強蠶食中國利益的先遣陣地，最多的時候，全國一共有二十六個租界，其中上海占了三個。「但上海租界的面積，是全國其他二十三個租界面積總和的一．五倍，上海租界設立最早，其他地方的租界，都是把上海租界制度搬過去的。」（上海史專家熊月之語）

租界的成立從另一個方面帶動了周邊經濟，把世界上最先進的商業模式帶來上海，替上海的服務業、金融業、商業還有市政建設打下了基礎。

最初設立的五個通商口岸（廣州、福州、廈門、寧波、上海），上海居末席，為什麼上海能成為五口岸當中最成功的呢？

廣州是最早接觸外國人的通商口岸，但因為鴉片的傾銷，廣州人對外國人非常排斥。

一八四三年開埠後，外國人在十三行租了一些地方賣貨，而廣州人「一次又一次地扔石頭打他們」，一直反對了十幾年。後來外國人只好把廣州的租界設在沙面，也就是珠江上的一個小島，只有一條路通到岸上。如果現在去沙面旅行，依然能看到很多歐洲風格的建築，但在近代史上，廣州沙面租界沒有多大的影響力。

英國人要求開福州為商埠，最重要的原因是看中了武夷山紅茶。但閩浙總督劉韻珂設法把所有茶葉產地通到福州的路口全部堵死，不許茶商經過。英國人從福州想買茶葉做生意，但沒有人賣給他們。福州開埠以後，差不多有十年時間沒有多少生意。外國人不知道這些內幕情況，只是看到福州通商以後生意很不好。

另外兩個通商口岸，廈門租界設在鼓浪嶼，人氣不旺；寧波距上海太近，資源和人力最終流向上海。

而上海自宋、元開始就有經商傳統，有獨特的韌性。

外國商人來了以後，上海人覺得和外國商人做生意與和外地商人做生意是一回事。優越的地位、廣大的腹地、深厚的人文傳統這三方面決定了上海是溝通外部世界最好的地方。

從那個時候就可以看出，相較於廣州的革命性、福州的官僚性、廈門的狹隘性、寧波的重複性，最終取勝的是上海的韌性。

上海的韌性直到今天都是商業模式成功的主要原因之一，也是支持它在一次又一次的轉型過程中屹立不倒的法寶。

今天上海已經是中國最大的經濟中心城市，也是國際著名的港口城市。上海在中國經濟發展中的作用怎麼強調都不為過。現在的上海是可以和紐約、東京平起平坐的現代化國際大都市，既面向世界，又服務全國，帶動了整個「長三角」。

你很難想像這樣一個土地面積僅占全國〇．〇六％，人口僅占全國一％的城市，每年完成的財政收入占全國的八分之一，港口貨物輸送量占全國的十分之一，口岸進出口商品總額占全國的四分之一。

同樣，上海的文化也獨樹一幟，它的文明程度、投資環境、商業氛圍、人才密集度首屈一指，全國沒有一個城市可以與其比擬，就算北京挾首都的威風也難以與上海抗衡。

特別是二〇一六年，世界經濟震盪加劇，復甦乏力，發達經濟體總需求低迷，長期潛在增長率下降，新興經濟體經濟總體下滑，整個世界經濟非常脆弱，隱患頗多，上海經濟依然堅挺。這一年，上海消費品市場運行總體保持平穩增長，商業轉型升級穩步推進，新興業態快速發展，消費結構不斷優化。一月至十一月，上海實現社會消費品零售總額九九六四・八七億元，比去年同期增長七・八%。

而二〇一七年也是多事之秋，英國脫歐、美國總統更替、義大利公投、法國總統選舉等持續衝擊，世界經濟進入波動加劇和不確定性升高的新階段。但是，上海經濟依然繼續保持穩健，經濟回暖初露尖角。

這是因為上海的韌性又一次發揮了作用。

近年來上海一直積極宣導發展新經濟，本質上是透過網際網路技術，將生產要素和生活要素，以網路模式滲透扎根於各個行業，對整個經濟體系產生顛覆性改變。這樣的新經濟具有個性化、柔性化、即時化的新特徵，客觀上會促進傳統產業加快轉型升級，從行業發展角度來講，未來服務業和製造業必然高度融合，聯動發展。

上海在服務業和製造業的融合方面有先天優勢。上海的城市消費能力較高，上海消費者對新產品、新事物接受度高，這為傳統產業和新興產業產品更新升級提供了必要的市場需求和充足的市場容納度。要知道，很多大型企業積極介入上海市場的原因，就是上海消費水準較高，企業可以有更好的發展空間。同時，網際網路服務業也需依靠傳統經濟的支撐，上海擁有高度發達的實體經濟，大型高端企業雲集、產業體系完備、市場化資源配置機制成熟等優勢，是新型網際網路企業首選的聚集地。

據上海市商委統計，二〇一六年，上海實現電子商務交易額一七二八三．七億元，比去年同期增長二一．七%。其中 B2B 交易額為一二二四三．七億元，增長一六．七%；網路購物交易額（B2C/C2C）為五〇四〇億元，增長三五．八%。在網路購物交易中，商品類交易額為二六七三．九億元，增長三三．六%；服務類交易額為二三六六．一億元，增長三八．四%。

從下表可以看出，上海服務業和零售業非常發達。這也反過來促進了上海的旅遊業，每年都有大量國內外的遊客來到上海旅遊消

2015 年和 2016 年上海電子商務交易額基本狀況

類別	商業類型		商業類型	
	總量（億元）	增速（%）	總量（億元）	增速（%）
電子商務交易類	16,452	21.4	17,283.7	21.7
B2B 交易類	12,312	15.7	12,243.7	16.7
網路購物交易類	4,140	42.6	5,040	35.8
商品類	2,251	36	2,673.9	33.6
服務類	1,889	51.2	2,366.1	38.4

費。二〇一五年全年，上海接待國際旅遊入境者八〇〇．一六萬人次，比二〇一四年增長一．一%。其中，入境外國人六一四．六四萬人次，增長〇．六%；港、澳、臺一八五．五二萬人次，增長三%。在國際旅遊入境者不斷增長的同時，境內旅遊者總量也在穩步提升。二〇一五年全年接待境內旅遊者二七五六九．四二萬次，增長二．八%；全年入境旅遊外匯收入五九．六億美元，增長四．五%；境內旅遊收入三〇〇四．七三億元，增長一．九%。

綜上所述，上海已具備國際消費城市的基礎。像二十世紀七、八〇年代的紐約、東京等世界大都市一樣，上海也用自己獨特的魅力吸納著來自全球的消費者，有效發揮了消費帶動經濟發展的作用。

2011 年至 2015 年上海旅遊狀況

年分	國際旅遊入境者	國內旅遊者（萬人次）	旅遊產業增加值（億元）
2011	817.57	23,079.17	1,411.26
2012	800.40	25,093.69	1,497.68
2013	757.40	25,990.68	1,400.80
2014	791.30	26,818.10	1,449.33
2015	800.16	27,569.42	1,535.64

國際消費城市的形成並非當地政府刻意規劃的結果，這是個自然而然的過程。但是上海的城市屬性也在其中發揮了本質性的推動作用，這就是上海的韌性。

談完上海的歷史和現在，接下來可以談談上海的夜間經濟了。

「夜上海，夜上海，你是個不夜城。華燈起，車聲響，歌舞昇平。」這首老歌從七十年前一直傳唱至今，夜上海的歌舞昇平、燈紅酒綠，是那個時代人們縱情狂歡、享受生活的標誌。到了今天你會發現，這首歌中傳唱的上海仍然還在。

做為全球人都知道的國際大都市，「魔都」上海的一大「魔性」就在於豐富多彩的夜生活總是令人著迷淪陷，讓人無法拒絕。

每當夕陽西下，華燈初上，各種欲望與瘋狂便開始蠢蠢欲動，讓這座城市展現出突破想像力的精彩。逛街的魅力、購物的衝動、美食的誘惑，一併在夜上海的各個角落上演著。

晚上的上海向來都比白天更光彩奪目，那些白天腳步匆匆、轉戰職場的白領，到了夜晚，搖身一變，化身紅男綠女，融入滾滾紅塵。

上海到了晚上十點後仍在營業的店鋪超過了五千六百家，以上海二千四百萬人口計算，也就是說，基本不到五千人就會有一家「夜店」存在。這樣的人口覆蓋程度，已經遠遠超過了國家規定的中、小學配比標準了。

而上海市政府也有計畫地推動夜間經濟的發展，軌交線路「加時運營」的提議，讓嗅覺敏銳的商家首先感到其中蘊藏的商機。在他們看來，週末軌交運營時間增加一小時，將為商業帶來可期的利潤增長。

說到上海的消費市場，就不能不談到上海從下至上的商業發展，從中能夠清晰地看出上海本地商業的韌性。

毋庸置疑，上海的購物已經多方面的全球化了，對高端品牌消費者和海外遊客來說，在具有「上海第五大道」之稱的南京路上看到 LV 和 GUCCI 這樣全球一線精品店，或者在位於金融中心歷史悠久的外灘看到艾米里歐．璞琪 (Emilio Pucci)，毫不驚訝。

影響上海經濟的主要是三個因素：全球化、外來人口和政策。全球化對當地商業的影響不是從二十世紀八〇年代經濟體制改革和對境外市場開放才開始的，而應該追溯至二十世紀二〇年代上海首次以國際大都市的面貌出現在世人面前的時候。

那個年代的發展反映了自一八四二年以來，上海做為英、法兩國「通商口岸」的商業地位。殖民者在市中心和外灘的英、法、美租界建起了歐洲風格的商店、餐館、劇院和酒吧，為上海成為魅力都市奠定了基調。這些商業基地，雖然隸屬於殖民者，卻讓上海絢麗奪目。

外來人口一直是上海人口的主要構成部分，上海居民人數從一八四二年的二十萬人，增長到一九四九年新中國成立時約五百萬人，到今天，上海已經有大約二千四百萬人口。湧進上海追求美好生活的外來人口，除了去工廠工作，很多人都被開店的機會吸引，做起了小飯店、小商店等服務類生意。

如果不是因為這些本地商店發展了基礎商業設施，上海就難以容納如此大流量的外來人口。上海經濟生態系統的韌性，主要來自「從下至上」的商業發展模式。

政府的政策一直在中國的經濟發展中扮演著重要角色。

和世界上其他大都市不同，在上海，來自政府層面的整體規劃一直都沒有停止過。上海做為體量巨大的經濟體，如果完全依靠野蠻生長，也許可以形成小規模的生態環境，但整體性一定會呈現亂七八糟的感覺，今天上海的井井有條是離不開宏觀規劃的。近年來上海市政府的舉措，是推出四至五個能體現上海飲食文化、民俗風情且滿足海內外遊客多元消費需求的「地標型夜市」，形態有特色街、餐飲積聚型夜市廣場和商旅文體融合型夜市三大類。新天地和豫園、彭浦夜市和周浦夜市、七寶萬科和大寧寶燕商城分別為上述三種夜市的代表。

對於「夜市」，有兩個概念必須明晰。狹義的夜市，指具有自由交易性質的夜間市場，包括上海的昌裡路夜市、彭浦夜市，以及在臺灣旅遊時常見的當地夜市。廣義的夜市，泛指夜間消費市場，包括百貨商場、商業街、街邊小吃，乃至文化娛樂設施，而廣義的夜市正是夜間經濟的縮影。

上海打造的「地標性夜市」擴展了傳統夜市的概念，上海消費市場規模已邁入萬億元級。發展消費經濟，就要充分啟動市場。上海的城市特性也決定了真正的消費高峰都出現在夜晚和週末，尤其是餐飲、零售等「路過型」消費，傍晚五點至晚間十二點才是每天的消費高峰，「把晚上的生意做出來」成為上海消費市場發展的新目標。

經歷了一九四九年以前動盪的歷史和之後一段時期的蟄伏，這座城市的商業生態再次浮現，它伴隨著全球化的蓬勃發展，再次向世人展示了上海經濟的韌性。

全球化是一場身不由己的浪潮，它裹挾了很多人，但從這個浪潮中站起來，以絢麗之姿屹立不倒的上海，卻讓我們對上海商業DNA中的韌性肅然起敬。對夜間商業占整個商業比重五〇%以上的上海來說，對夜間經濟的規劃和發展是提升整個城市經濟活力的重要環節，而海派經濟的特色，正是上海這個城市經濟模式成功的關鍵。城市只有發掘出它的獨一無二性，才有可能在全球化中屹立不倒。

夜晚的長沙：娛人娛己娛天下

長沙是中國歷史文化名城，也是全國唯一一座三千年來城名和城址不變的城市。

長沙是珠三角經濟區、長三角經濟區、中部「兩型」社會綜合配套改革試驗區的交匯點，是承東啟西、匯通南北的樞紐，交通十分便利，已基本形成了水陸空現代交通體系。二〇〇九年，長沙黃花機場客運輸送量已超過一千萬次，居中部各城市之首。此外，湖南正在推進「長株潭」一體化發展戰略，快速便捷的高速公路立體網使得株洲、湘潭、衡陽、岳陽、益陽、常德等與長沙的聯繫更為緊密，外來人口和流動人口增加更快。

長沙屬亞熱帶季風氣候，四季分明，嚴冬期短，暑熱期長，白天熱晚間涼，人們喜歡過夜生活。每當夜幕降臨，華燈初上，市內的歌廳、酒吧門口人流如織，車水馬龍。

長沙這座古城裡，存在著諸多歷史文化地標，有嶽麓書院、馬王堆漢墓、三國孫吳紀年簡牘、銅官窯等歷史文化遺存，深厚的歷史文化沉澱造就了長沙這座古城卓爾不凡的氣質和「心憂天下，敢為人先」的人文精神。在漫長的歲月裡，長沙城市文化雖經歷了一次次的衝撞，卻始終保持著鮮明的特色和個性，為以後這座城市文化產業形成品牌優勢打下堅實的基礎。

這裡也是湖湘文化的發源地，吸納了湖湘文化的精粹，有不達目的誓不甘休的拚搏獻身精神和做事不注重精細模仿而講究大氣漂亮的性格特點。長沙的「文化湘軍」中有一批具有敢為天下先的膽略、人無我有的創造性思維，善於吸收中國內外優秀文化精華，不怕困難、一往無前、認死理的充滿韌性的人，所以無論是出書、辦報，還是拍電視劇、製作電視節目、娛樂演出都要做到與眾不同，得到同行的認可、消費者的追捧。

這種「長沙人精神」成了長沙夜間文化產業發展的動力，為繁榮夜間文化產業創造了良好的社會環境。除此之外，得天獨厚的地理位置、便利的交通網絡、豐富的旅遊資源和快速增長的人口為長沙夜間文化產業的發展提供了良好的客觀條件。

每當夜幕降臨，長沙就變得流光溢彩，精彩紛呈，顯現出「不夜城」的景象。隨著人們價值取向的多元化，長沙夜間文化產業也呈現出多元化的趨向。

有人捧著爆米花在電影院螢幕前如痴如醉，有人走進棋牌室喝茶、打牌，有人在湘江

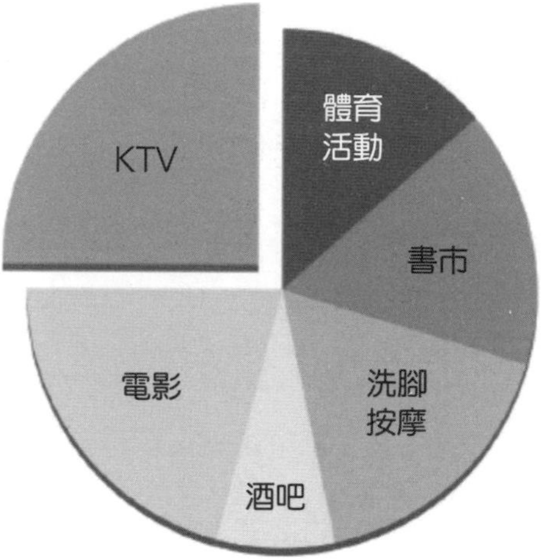

風光帶唱歌跳舞，有人來到夜間營業的市場逛街購物。長沙市民的夜生活不再是千人一面，長沙的夜晚愈來愈熱鬧。現在，酒吧、歌廳、茶樓、舞廳、西餐廳、咖啡廳、SPA館、保健洗浴場所等各種夜間娛樂業態，在長沙可謂應有盡有，夜市消費、夜間旅遊、夜間娛樂，酒吧一條街、餐飲一條街、歌廳一條街可謂鱗次櫛比，吃、喝、玩、樂、購物、休閒全方位地呈現出來，成為夜長沙的亮點。

據調查，長沙傳統的夜間文化消費仍占有較大市場，如看電影、喝茶、逛書市等；新興夜間消費如夜店跳舞、洗腳、按摩、泡吧等發展較快。從二〇〇一年開始，橫空出世的解放西路「酒吧一條街」，以及相繼出現的演藝吧、音樂吧、舞廳等形形色色、風格各異的「吧文化」競相成長，金色年華、挪威森林、魅力四射、香格里拉等一大批酒吧成長為長沙休閒夜生活的重要集中地。

長沙文娛休閒特色鮮明，是長沙夜間文化產業中最具活力的產業，在中國社會科學院曾公布的一項全國城市綜合實力研究報告的排名中，長沙的綜合實力排名三十五位，文化實力為二十五位，而休閒娛樂類排名竟是第一位。

以「茶樓文化」、「歌廳文化」、「酒吧文化」為代表的文娛休閒體現了長沙夜間文化產業的獨特性。二〇〇八年，長沙歌廳、酒吧總數超過四百家，其中接待規模在五百人以上的有十九家，形成了解放路酒吧一條街、太平街清吧一條街。二〇〇八年全市歌廳、酒吧接待消費者五千萬人次，拉動消費五十億，二〇〇八年長沙娛樂文化服務實現產值九二．三三億元。長沙有近千家KTV和數十家大型綜合娛樂服務中心，有洗浴場所一千七百九十三家，洗浴城成了星城一道頗具特色的風景，形成多門類、多層次、多形式、多投資主體的文化娛樂市場。

相關研究表明，人們的夜間文化活動基本服從空間上的距離衰減規律。與空間一樣，時間同樣是夜間文化活動開展的維度之一，也是人們開展夜間文化活動所面對的基本制約因素。不同居民擁有不同的夜間文化活動時間資源，形成不同的夜間文化時間利用結構，進而形成不同的夜間文化時間節奏。

根據調查顯示，長沙市民在談及終止夜間消費的時間時，選擇晚上九點至十點停止消費行為的約占六二％，選擇晚上八點至九點的占二二％，絕大多數人將十點做為夜間消費行為的承受底線。

長沙夜間文化產業的發展不僅提升了城市的品位，帶動了經濟增長，還為城市創造了無限商機，對促進經濟社會全面協調可持續發展，對於促進人的全面自由發展，具有重大而深遠的意義。

長沙市目前常住人口四百多萬，每年淨增常住人口在五萬以上，每年接待旅客二千八百萬人次以上。這樣高的人口密度，對拉動消費、帶動經濟增長的作用是十分顯著的。隨著長沙對外開放程度的不斷擴大，許多來自廣州、深圳、臺灣等地的客商，為長沙夜間消費的擴張增添了動力。

隨著經濟的快速增長和城鎮居民可支配收入的不斷增加，長沙市夜間消費的規模不斷擴大。根據長沙市統計局發布的《中部省會城市消費品市場分析比較》，二〇〇九年長沙社會消費品零售總額一五二四．九億元，在中部六省會城市中位列第二。據統計，長沙歌廳、酒吧吸引全國各地消費者五千萬人次以上，拉動消費近五十億元，為長沙評為全國最具幸福感城市做出了貢獻。田漢大劇院天天有演出，上座率在九五%以上，被評為國家文化產業示範基地，得到了國家文化部的充分肯定。

長沙夜間文化產業的大發展、大繁榮，極大提高了長沙的知名度，在全國甚至全球營造了長沙影響力。長沙城市綜合競爭力和對外吸引力大幅度躍升，境內外客商紛至遝來，知名企業紛紛落戶。

長沙夜間文化產業的發展繁榮還極大豐富了人們的物質和精神生活，進一步提升市民的幸福感指數，優化了投資環境，使城市在中國乃至世界的吸引力不斷增強，美譽度不斷提升，影響力不斷擴大。長沙先後獲得了十大品牌城市、十大創業之城和中國十大最具軟實力城市等稱號，連續三年被評為中國最具幸福感城市。

長沙的夜間文化產業與別的城市相比，活力和魅力在哪裡？競爭優勢又在哪裡？透過對其業態的具體深入分析，我們可以一一找到答案。

我們根據對長沙和瀋陽、杭州、南京、濟南

五座城市經濟實力

	地區生產總值（億元）	人口總數（萬人）	一般財政收入（億元）
瀋陽	1,900	693	107
南京	1,910	640	169.9
杭州	2,515	651	197.5
濟南	1,619	590	89.04
長沙	1,108	600	104

的文化消費進行的比較分析，可以得出結論：在這五座城市中，唯一不是副省級城市的長沙，其居民可支配收入居第四位，而個人文化消費則居第一位，可見長沙的文化消費市場非常活躍。

目前，長沙的夜間文化產業的各種業態應有盡有，到夜市逛街購物的人絡繹不絕，路邊餐廳、飯店顧客盈門，痴男怨女到KTV盡情放歌，三五成群的年輕人在酒吧痛飲狂歡，長沙夜間文化產業紅紅火火，啟動了無限商機。

吃：目前長沙夜市上百家，黃興路步行街、坡子街小吃一條街已形成一定規模，人流量比較旺盛，效益可觀。玩：酒吧、舞廳、洗浴城愈來愈多，內容愈來愈豐富。逛：黃興路步行街熙熙攘攘，各大商鋪門庭若市。遊：湘江風光帶美輪美奐，焰火表演美不勝收。

長沙夜間文化產業的業態總體呈現出一種強勢發展的態勢。

夜間介面下的長沙文化產業的發展有兩個座標，即橫坐標和縱坐標。

橫坐標從時間的角度出發，反映了不同時代、時期文化產業發展的狀況。縱坐標從空間的角度出發，反映了不同區域文化產業發展的狀態。

長沙文化產業的可持續發展要求橫坐標和縱坐標協調發展，即不僅要協調好不同地區的文化關係，也要協調好不同時代文化的關係，從地理經濟學的意義上，實現經濟、社會、環境文化資源的統一和可持續發展。

長沙是一片多情之地，一座快樂之都。

今天的長沙「敢為人先」，已經「快樂中國」。歌廳劇院、酒吧演藝、電視娛樂等大眾娛樂文化從這裡崛起，實現了娛人娛己娛天下。

對於一座城市，只有觸摸了它的夜晚，才能夠更深刻地感知韻味與風情。

長沙的夜，或現代或古樸，或流光溢彩或溫馨無比，夜間生活毫無疑問為這座城市注入了不一般的美。

第四章

夜經濟與產業——娛樂經濟正成為重要引擎

夜晚做為時間段的重要性，愈來愈突顯，甚至有時比白天更重要。做為一個固定空間的個體，你可以和這世界上處於任何一個空間、任何一個時間的人溝通交流，那麼，夜晚和白天，在利用意義上還有什麼區別?!

夜間經濟更契合現代經濟屬性

經濟的模式總是在變換過程中，因為人類社會的模式一直在變換，經濟是社會的一部分，總受社會格局中的各種因素影響而顯示出獨特的靈活性。

受宗教信仰、社會制度、市場額度、科技進步、人類創造力，以及是否具備成熟的商業中產階級等因素的影響，經濟也會呈現出變幻莫測的面目，這就是經濟的生命力所在。某些宗教消失，某些政治制度成為歷史，某些社會規範被掃進角落裡，但人類出於對物質的追求而衍生出來的經濟活動，一直以某種方式頑強存在著。

傳統經濟與現代經濟的最大區別，在於前者受到的種種限制，要遠遠超過後者。可以說，傳統經濟是在小盒子裡呼風喚雨，而現代經濟才是真正的海闊憑魚躍，天高任鳥飛。

小規模的傳統社會裡，經濟生活受到極嚴格的束縛，因為生產資源相對有限，生產力相對固定，貿易空間非常狹窄，或者說相對穩定。在很長一段時間裡，這種社會中的經濟活動主要是滿足本地居民的消費，它的活動範圍限制於非常狹小的範圍內，並不力求擴大其勢力範圍，也不追求最大利潤率。人類社會歷史上，經濟體量大多是由土地面積和人口資源來決定的。在既定的生活活動和土地面積範圍內，人口和收入可能出現短暫的起伏，這是由收成的好壞、疾病或戰爭造成的災害所決定。這些因素透過相當複雜的管道影響出生率和死亡率，使得人口大體上按照循環往復的方式變動。

漫長的前現代社會裡，有三種因素會限制經濟進步：第一，人口增加替優良耕地帶來壓力；第二，要長期保持高效、廉潔和強有力的行政管理有一定難度；第三，國家有可能捲入戰爭，而戰爭的代價超過了在戰爭中擴大貿易、繳獲戰利品或奪得良好耕地所得到的補償。

前現代經濟學家一直認為：「這個社會受到馬爾薩斯（Thomas Robert Malthus）《人口論》的限制，按照這一設定，人類的經濟活動總是在一段增長後就出現下降，在高產的蜜月後，接下來的就是漫長的蟄伏期。」

所以，傳統經濟很難產生自我維持的增長，它的表現更像一個輪迴，在前進和後退中完成一個經濟周期，然後靜待下一個經濟高潮的到來。

現代經濟裡打破這個魔咒靠的是技術。新技術讓我們消弭了黑夜和白天的界限，突破經濟上限，生產力得到極大解放，同時貿易範圍也可以借助快速的傳播手段瞬間膨脹到最大。這一切都是過去不敢相信的，傳統產業在新經濟模式中煥發出巨大活力。

新經濟模式以娛樂經濟模式為代表，資訊時代昭示了娛樂經濟時代的到來。

什麼是娛樂經濟？美國經濟學家麥克．沃夫（Michael Wolf）最早在《娛樂經濟》中提出「娛樂經濟」的概念，他從經濟學角度的理解是，凡是能享受到樂趣的消費都可稱為「樂趣引導消費」，「娛樂因素」將成為產品與服務競爭的關鍵，消費者不管購買什麼，都會在其中尋求「娛樂」成分。

由此可見，娛樂經濟是社會發展到一定階段所產生的一種經濟形式，是以產品或服務直接或間接地娛樂大眾而產生的經濟，也包括將其他提供娛樂功能的產品或服務相結合，間接娛樂消費者而產生的經濟。

這一章，我們不妨仔細梳理傳統產業的進化，透過了解它們的前世今生，探尋一個產業在前現代經濟和現代經濟中的悄然轉變。同時，除了傳統產業，我們也近距離觀察新興產業。不管是移動網際網路經濟，還是網紅經濟，都是以前不曾出現過的經濟模式，但本質和傳統產業有著骨肉相連的關係，體現的都是人類對品質和自由的嚮往。

透過對新舊產業的分析，我們可以看到在現代經濟體系中，原有的壁壘被打破，經濟從某種程度上不再僅僅是對物質的追求，很多時候代表著人性解放和精神自由。這一轉變中，傳統產業依然牢牢占據半壁江山，煥發著生機；新興產業撐起另一半天空，來勢洶洶。

本章裡提到的產業有一個共同點，它們都是夜間經濟的主要內容。在繁星點點的夜晚粉墨登場，承載著經濟的洪流，也鐫刻著過去光陰裡的故事。

對傳統經濟模式，我們主要挑選了三個模式來逐一探討。這三個模式是支撐傳統夜間經濟的主要模式，它們的演變和發展有自己的歷史和故事，即使做為文化掌故，也是非常值得了解的。

在任何一個商業區，我們都會找到茶社，有時還不只一家，它是夜間浮動光影裡的一脈暗香。接下來，我們不妨先一起來看看茶水產業吧！

飲茶：傳統夜經濟模式之一

把飲茶做為一種習慣，是從中國開始的。

中國人有許多關於飲茶起源的傳說。根據一種廣為流傳的神話，茶葉是五千年前的神農發現的。傳說道教創始人老子在西元前六世紀遊覽四川時，曾有人向他獻過茶，孔子也曾喝過茶，還有人認為茶葉是隨佛教從印度傳到中國的。但這些傳說都是由後人撰寫，很難得到確鑿證據的支持。不過不管怎麼說，中國人飲茶的習慣非常久遠。

關於茶葉的早期記錄，主要是描述茶葉做為藥物在緩解消化或神經系統症狀的特性，後來才逐漸出現有關茶被用作飲料的記載。第一位詳細描述做為飲料的茶葉種植、加工和泡製的人是西元三世紀的張儀，他介紹了四川和湖北的茶葉種植情況。

張儀說茶農從經過修剪的齊腰高的茶樹上採摘茶葉，茶葉被壓成茶餅，他還介紹了泡茶的方法：「首先將茶餅用火烘烤，直到其顏色發紅，然後將其搗成碎片，放入瓷壺中。

將開水倒在茶葉上，加入蔥、薑和柳丁調味。」

正是茶葉由苦藥轉化成為可口的飲料後，其消費量在西元五至六世紀才有了很人的增長。張儀還介紹了茶葉的其他功效：「飲茶可以醒酒，並保持頭腦清醒。」

人們在幾座漢墓中發現茶葉，其中一個墓裡出土了上面清楚刻著「茶」字的青瓷容器；齊武帝在遺詔中要求人們在祭奠他時供奉茶葉，中國某些地方至今依然保留用茶葉做為死者陪葬品的習慣：用紅紙包裹茶葉放在死者的嘴唇中間。

茶在唐朝成為無可爭議的國飲，這個中國歷史上的鼎盛時期，精品的消費量增加，帝國的疆域擴大，對外的貿易非常活躍。到了這個時候，王公貴族們早已養成飲茶的習慣，而這個習慣很快就流傳到社會各個階層。交通狀況的改善使人們能夠更加方便地在幅員遼闊的國家中運輸各種物品，茶葉在中國各地流通，並且愈來愈受到人們的喜愛。

人們發現如果將茶葉蒸了之後再壓成茶餅，就可以去除令人不愉快的「青澀」味道。另外，此時在茶葉的壓餅、穿孔和烘烤方法上也有了改進。經過壓縮的茶餅不易變質，並且非常方便運輸，因此深受居住在中國疆域之外的游牧民族喜愛。

飲茶習慣在社會上普及後，有錢人不可避免地會去尋找「高品位」的茶葉。人們在精品上總有一種物以稀為貴的心理，因此生長在高緯度地區的茶葉由於種植困難、產量低而獲得了高貴的地位。

茶葉的泡製方法變得極為複雜，煮茶所用的水、炭、茶壺和茶杯等方面都嚴格講究，出現任何錯誤都是很丟臉的事。在宮廷中，飲茶成為一種儀式，為了確保整個過程符合禮儀，皇帝和大臣們還專門聘請了「茶師」。

茶葉不僅被當作飲料，也是重要的貿易品。

中原的漢人與長城以北的少數民族很早就開始進行茶葉交易，早在唐朝初期就有漢人用茶葉與少數民族交換馬匹的紀錄。而到了明朝，茶葉交易量大大增加，當時在西北邊境地區設置和少數民族進行茶馬貿易的仲介機構茶馬司，在一三九八年中就用五十萬斤茶葉換取了一萬三千五百一十八匹馬。

用於交換馬匹的茶葉大多是紅茶，為了生產這些茶葉，茶馬司控制著大量的茶葉種植園。最初出口到西方的茶葉是綠茶，但紅茶很快被傳入西方，最終主導了西方人的口味。

十七世紀前，中國茶葉貿易主要局限於與周邊少數民族的以物易物，真正使茶成為世界上最有價值的經濟作物，並在全世界流通起來，還是要從英國人對茶的熱愛說起。

最早接觸茶葉的歐洲人是荷蘭人與葡萄牙人，但瘋狂迷戀上飲茶的卻是英國人，他們是怎麼陷入對茶葉的痴狂呢？先從一個皇家婚禮說起吧！

一六六二年，英國國王查理二世（Charles II）娶了葡萄牙國王約翰四世（John IV）的女兒，這位公主芳名叫做凱薩琳．布拉干薩（Catherine of Braganza）。實際上，查理二世早就有情婦，但雖然貴為國王，他也欠下英國政府巨額債務，而葡萄牙國王承諾給他五十萬英鎊的嫁妝，於是查理二世在一大筆嫁妝的誘惑下締結了這門婚事。

凱薩琳公主乘風破浪橫穿英吉利海峽，除了替未婚夫帶來現錢、土地和商品外，這位有著飲茶嗜好的公主還帶了一箱茶葉。那時的英國人還沒有飲茶習慣，茶在中國成為普通飲料後，又過了許多世紀才傳到歐洲。最先接觸這種飲料的是從事海上貿易的葡萄牙人，第一次將茶葉進口到歐洲的是深具商業頭腦的荷蘭人。有史料記載，第一批茶葉運到荷蘭的時間大概是一六〇六年。英國人對茶葉的接受過程非常緩慢，他們偏居島上，不知道歐洲大陸流行什麼。直到茶葉傳入歐洲六十年後，凱薩琳公主帶著嫁妝來到英國，才使飲茶成為英國宮廷的一種時尚。隨後，飲茶的習慣從宮廷傳播到上流社會，到了中產階級也開始追求這種時髦。

凱薩琳公主的嫁妝裡還有一份大禮，那就是名為丹吉爾的非洲貿易區，還有印度的孟買。查理二世將孟買轉讓給一直苦苦哀求、希望能在西印度海岸建立基地的東印度公司。

東印度公司迅速跟進，兩年後的一六六四年，東印度公司下了第一筆訂單，從印尼的爪哇運回一百磅中國茶葉。隨後的十幾年裡，英國每年進口茶葉的數量一直很穩定，都保持在三位數，主要滿足貴族的需求。

隨著茶文化在英國深入普及，英國增加了茶葉進口。一六七八年，茶葉進口量增長到四位數，達到四千七百一十三磅，但很明顯，還是不能滿足英國貴族對茶葉的需求。六年後，英國進口的茶葉數量已經高達三萬八千三百九十磅了。英國人對嗜好接受程度是慢熱的，他們一開始謹慎、高傲，一旦愛上這件東西，就會不加節制地任由自己深陷其中，在接下來的一個世紀中發生了巨大的變化。十八世紀英國的茶葉需求量以驚人的速度增長，英國人對茶葉的熱愛程度超過了其他西方國家，只有荷蘭人能夠接近他們。茶在法國等國家也曾風靡一時，但很快被咖啡和葡萄酒所取代。

到了一七五〇年，英國的茶葉進口量已經從幾萬磅增長到四百七十萬磅。這還只是官方數字，因為東印度公司對茶葉進口的壟斷，以及政府收取的極高茶葉稅，使得大規模走私成為無法避免的事情。根據現代學者估算，茶葉稅大幅度降低前，茶葉走私每年都維持在三百萬磅左右，甚至一度超過合法進口的茶葉總量，達到可怕的七百五十萬磅。

整個十八世紀，英國人都在咖啡館裡飲茶，咖啡館是英國人主要的社交場所。

從外觀上看，十八世紀的咖啡館與今天城鎮中的小酒吧沒有什麼區別，裡面有一些供顧客坐著喝飲料的大桌子，也許還有一些供顧客站著喝飲料的較小的高桌子。在店鋪前面有一個火爐，上面擺著咖啡壺、巧克力壺和茶壺，許多顧客會在那裡吸鼻菸或抽菸斗。

咖啡館中很可能還有出售酒精飲料的吧檯，隨著時間的推移，咖啡館開始提供大量的酒精飲料，而酒館則出售很多的咖啡和茶，已經很難對這兩者做出區別了。對當時有錢的英國人來說，在咖啡館飲茶是重要的社交活動。一七一四年，《魯濱遜漂流記》的作者丹尼爾．笛福 (Daniel Defoe) 造訪倫敦，他曾寫道：

我住在一條名為帕摩爾的街上，這條街是外地人聚居的地方。因為靠近皇宮、皇家公園、議會大廈、劇院和上流社會經常光顧的巧克力館或咖啡館。以下是我們在那裡的生活方式：早上九點起床，有些人去參加宮廷招待會並在那裡一直待到十一點，或者像荷蘭人那樣去喝茶。

十二點時，上流社會人士都聚集到了各個咖啡館或巧克力館，它們都靠得很近，你可以在一個小時內把它們全部逛一遍。

我們被用轎子抬到了這些地方，如果天氣好，我們就會到皇家公園散步，直到下午兩點去吃正餐。如果天氣不好，我們就去懷特巧克力館一邊飲茶、一邊玩牌，或者到斯米爾納咖啡館或聖詹姆士咖啡館討論政治，那裡有非常好的茶點。

這就是當時倫敦老城區時尚人士聚集的情況，在咖啡館裡飲茶成為上層階級和中產階級生活中不可缺少的一部分。

英國人對茶的喜愛一度超過咖啡，到了十九世紀八〇年代，茶室出現了，茶逐漸取代了咖啡。

據傳最早的茶室是倫敦火車站的麵包房開設，麵包房老闆娘邀請幾位她喜歡的顧客到店後的房間裡飲茶。看到這一成功做法和向顧客銷售飲茶時享用食品的商機後，茶室的數量幾年中就超過五十家，其中最有名的是一八九四年開業的里昂茶室。

里昂茶室最初是賣香菸的商店，後來開始在大型展覽會上提供包括茶在內的飲料。一八八八年，在格拉斯哥的展覽會上建立了臨時性「主教宮殿茶室」，並且讓女服務員穿著「瑪麗．斯圖亞特」的服裝招待客人。一八九四年，第一家里昂茶室在時尚的皮卡迪利街開業，第二年又開了十四家分店，到了一九〇〇年共開了二百五十家分店。一份里昂茶室的報告清楚地解釋茶室在半個多世紀內取得巨大成功的原因：

在此之前，帶著孩子的媽媽找不到一個喝茶或吃午餐的地方，餐館中的價格太貴了。簡而言之，里昂茶室為倫敦人和外省人提供了在極為整潔乾淨的環境中，享用既便宜又可口食物的機會。在倫敦這個到處有著昏暗的酒吧、咖啡館——裡面的男女服務員懶散、邋遢——枯燥乏味的城市中，這些嶄新的金色和白色相間的茶室，以及裡面穿著統一服裝的迷人女服務員讓人頓覺眼前一亮。

英國人的飲茶習慣慢慢從綠茶變為紅茶，茶葉剛剛被引進英國時主要是綠茶，但是到了十八世紀末，紅茶的銷量已經略微超過了綠茶。英國人習慣在茶中加糖，中國人卻從不加糖；印度人的茶也是加糖的。由於茶葉最初是從中國經由印度西部的蘇拉特港進口到英國，因此很可能是印度人的飲茶方式對英國船員產生了影響，而後者又對英國國內的人產生影響。

十八世紀茶葉的消費量劇增，導致同一時期食糖的消費量也劇增，糖與茶之間的關係非常密切，所以十八世紀有人用食糖的消費量來計算茶葉的總消費量。一七〇〇年，英國進口食糖為一萬噸，而到了一八〇〇年，食糖進口量達到了十五萬噸，從中我們可以估算出茶業消費量的上漲。

茶葉除了提供人們愉悅的感官享受和帶來經濟利益外，還引發了兩場戰爭。這兩場戰爭分別改變了兩個帝國的命運，一場是鴉片戰爭，它導致一個巨大帝國的枯萎；另一場是美國獨立戰爭，它昭告了另一個巨大帝國的誕生。

十八世紀的最後一年，官方資料顯示英國茶葉的消費總量達到二千三百萬磅，一百年間增長了二百倍。英國本地是不產茶葉的，所有茶葉依賴中國進口。當英國人慢慢意識到離不開茶葉時就開始擔心了。擔心什麼呢？擔心沒有足夠的銀子從中國人那裡購買茶葉。

英國人特別善於利用自己生產或買賣的東西去換取所需的東西，但和中國的茶葉交易讓英國人很頭疼，因為中國人幾乎不需要從英國人那裡獲得任何東西，他們確信自己生產的東西比英國人試圖賣給他們的任何東西都要好，中國人只對白銀有興趣。

這為英國人造成很大的困擾，因為出口如此大量的白銀會使英國貨幣貶值。

英國人首先找到的突破口是棉花，中國愈來愈多土地都被用來種植利潤豐厚的茶葉，以至於不得不減少棉花的種植。而印度出產棉花，於是控制著印度的東印度公司就用印度棉花交換白銀，然後再用白銀購買茶葉。

但是中國人對棉花的需求量遠遠低於英國人對茶葉的需求量，英國人還是處在貿易逆差中。於是英國尋找到了新的替代品，就是鴉片。

鴉片很可能是由阿拉伯人帶到印度，具體時間已無從考證，但到了十六世紀時，它已經在印度被廣泛種植和買賣了，很可能在當時出口到了中國。

一七二七年（雍正五年），中國鴉片的進口量為二百箱，主要用於治療病痛。一七六七年（乾隆三十二年），鴉片的進口量上升到一千箱，開始有人吸食了。這些鴉片大多來自印度，英國人很快發現出口鴉片給中國可以緩解貿易逆差，而且換回的白銀遠遠超過購買茶葉所需。印度的一位鴉片官員在一八三六年說道：「我們鴉片機構的最大目標就是向中國提供適合中國人口味的鴉片。」

到了一八三〇年，中國透過英國人從印度進口的鴉片總量達到了每年一．八萬箱，相當於二百五十萬磅，中國出口的所有茶葉也不過二百二十萬磅。

十九世紀的第一個十年，英國向中國出口九百八十三噸白銀，而在十九世紀四〇年代，中國反而向英國出口了三百六十六噸白銀。

鴉片和茶葉的互換貿易對中國來說是一場災難，道光皇帝認為不能任其發展下去，應該採取禁菸措施，他任命林則徐為欽差大臣，前往廣東對鴉片斬草除根。林則徐在廣州不負眾望，將二萬多箱鴉片倒進了大海。

損害這麼多利益的情況下，英國人決定向中國派出遠征軍，用武力解決貿易問題。一八四〇年六月，英國人在澳門沿海聚集了一支艦隊，由蒸汽輪船、裝載了四千名士兵的運輸船和十六艘戰艦組成。英國人不想攻城掠地，只是為了鴉片和茶業貿易，於是把戰火直接燒到北京，迫使中國皇帝屈服，簽下一系列不平等條約，這就是鴉片戰爭。

鴉片戰爭對中國歷史接下來的走向產生了深遠影響，讓晚清政局失去穩定，也引發中國人民的仇外情緒。中央政府失去了對大片地區的控制，大多數中國人因此認為清政府向外國人卑躬屈膝，從而對政府非常不滿。這場戰爭毫無疑問地改變了歷史，但這場戰爭的起因不過是因為茶葉而已。

美國獨立戰爭的導火線是「波士頓茶葉事件」。

茶葉最初是被荷蘭人帶到紐約，並很快成為一種流行飲品。北美殖民地上生活的是一群樂於接受新鮮事物的人，茶葉在北美的消費量很快就達到一個龐大的數字。

十八世紀上半葉，英國政府禁止東印度公司從印度向美洲直接出口茶葉，它的茶葉必須在倫敦拍賣，然後由倫敦商人運輸到美洲。由於這些茶葉進口到英國時需要支付高額稅金，導致運到北美的茶葉都貴得離譜，於是走私盛行。

美洲的走私茶葉大多來自瑞典和荷蘭，據估計，一七六〇年美洲進口的一百萬磅茶葉中，有四分之三都是走私茶。為了扭轉這一現象，英國於一七六七年通過一項法律，對那些運送到美洲的茶葉實行退稅政策，基本上消除了走私茶葉的現象，一七六八年英國出口茶葉的總量上升到九十萬磅。

本來一切都平安無事，但一七七二年時，東印度公司陷入了嚴重的經濟危機，因為它有保留庫存的習慣，日積月累，東印度公司的茶葉庫存達到二千一百萬磅。這是一個巨大的隱患，同時東印度公司還欠了政府一百萬磅的稅金，於是它向英國政府申請直接向美洲出口茶葉，英國政府在一七七三年通過的《茶葉法》中批准了這一申請。但英國政府規定，由東印度公司出口到美洲的茶葉，所應繳納的稅款是每磅茶葉三便士。

美洲殖民地人民對三便士的茶葉稅非常反感，英國國會長期以來對於是否應該對美洲居民徵稅頗有爭議。一七六七年，新上任的財政大臣查爾斯・湯森 (Charles Townshend) 開始對美洲殖民地的鉛、油漆、紙張和茶葉貿易徵稅。他的初心是好的，準備用所得的收入建立一個殖民政府。但北美殖民地人民認為這樣建立的政府將成為英國議會的附屬品，與其這樣，不如自己徵稅，然後建立一個政府，使之為美洲立法者服務。

北美人民對英國政府頗有不滿，但一直以來還算相安無事。一七七三年的《茶葉法》重新點燃了他們的怒火，不僅對三便士的茶葉稅感到十分惱火，而且還將東印度公司看成是對商業利益的威脅。

一些激進群體號召人們抵制英國茶葉：「不要飲用這種受到詛咒的東西，因為惡魔會隨著這種東西進入你的體內，立即使你變成一個叛國者。」美洲各階層的人民都團結起來，一起抵制茶葉稅。與此同時，不知死活的東印度公司仍按照既定計畫開始向美洲出口茶葉，裝滿茶葉的船啟程前往北美，在航行期間與外界失去聯繫，因此不知道外界的狀況，而此時美洲大陸抵制茶葉進口的運動正如火如荼地展開。

一七七三年十一月二十八日，東印度公司第一艘運輸茶葉的商船「達特茅斯號」抵達美洲大陸，停靠在波士頓。波士頓市民舉行大規模集會，決心阻止茶葉登陸或拒絕繳納稅款。

一七七三年十二月十六日，大約有一千人來到碼頭，他們喊著登船，打開船艙蓋，進入船艙，把八十個裝滿茶葉的箱子和三十四個裝了一半茶葉的箱子都抬到甲板上，把箱子弄開，然後將所有茶葉倒進大海，就是「波士頓茶葉事件」。

這一暴力事件使英國議會非常惱火，他們封鎖波士頓港口，還通過一項對殖民地實行直接統治的《強制法》。殖民地人民組織起來抵抗，英國軍隊與當地民兵發生衝突，最終這場戰爭在一七七六年以美國獨立告終。

當時一首匿名詩對這一事件做了很好的總結：「有誰知道，一些被扔進大海的茶葉，竟會使成千上萬人流血犧牲？」大家更沒預料到的是，正是這件小事，導致美利堅合眾國誕生，由此改寫了世界格局。

對英國人來說，二十世紀分為截然不同的兩個部分。二十世紀上半葉，他們的國家發展成為橫跨幾個大陸的巨大帝國，並從全世界獲得各種商品，不管是自由貿易，還是半掠奪性質。

但二十世紀中期，二戰爆發了。這場戰爭使英國人財源枯竭，失去了帝國的大部分領土和支撐帝國的製造業，昔日的霸主地位被美國取代。這個時候的英國只好重新成為貿易國家，但這次從事的是全球性貿易了。

英國的傳統全球性貿易商品當然是茶葉。二十世紀初，大英帝國擁有印度和斯里蘭卡，它們是世界上最大的產茶國，產量超過中國。英國公司控制了世界的茶葉貿易，產生的財富源源不斷地流回到這個小島國中。

中國一直以來都是茶葉大國，但經過戰亂和貿易封閉，一度淪為世界上第三大茶葉生產國，落後印度和斯里蘭卡。二〇〇八年，隨著中國政治經濟局面的穩定和發展，中國超過了印度，成為世界第一大茶葉生產國，每年的茶葉產量達十五億磅，其中三分之一用於出口。

英國在長期的茶葉貿易中形成了茶葉帝國，在目前稱霸世界的茶葉品牌中，大部分都屬於老牌英國茶葉公司，幾經易手最後走向世界。今天茶葉生產位居世界前十位的國家中，有三個是原英屬殖民地，位於第五的則是英國自己。這些數字展現出一個有趣遺產的英帝國：它在一些殖民地開始了茶葉生產，而這些殖民地的人民又成了最有熱情的茶葉消費者。

當我們在茶社或咖啡館叫上一壺綠茶，或是一杯加了焦糖的泡沫紅茶，盈盈一水間的清澈或濃香，帶給我們歲月悠長之感。但想不到的是，在冉冉的香氣背後，是經濟和政治的角力，是歷史和文化的變遷，歲月裡沉澱著太多令人唏噓的故事。茶葉具有如此大的魔力，也許恰恰是因為這個吧！

說完了茶，接下來，我們來說說酒文化。

酒吧：傳統夜經濟模式之二

做為人們晚間聚會場所的酒吧有著悠久的歷史。大家對酒吧的認識也是各式各樣的，有人說它是一個休憩處，有人認為它是一個公共的家，有人覺得它是一個表面安逸、暗含危機的陷阱，甚至有人認為它是一個道地的商業場所。

但不管怎麼說，酒吧的群眾娛樂性不容忽視。凱特・福克斯（Kate Fox）在《瞧這些英國佬：英格蘭人的人類學田野報告》中這樣描述：

酒吧是人們夜晚的生活、文化中心。雖然這種說法已經俗套了，但確實如此。酒吧在文化中的重要性是如何強調都不為過的。比方說，英國成年人中有四分之三以上進出酒吧，有三分之一以上是至少每週去一次的常客。對很多人來說，酒吧就是第二個家。對研究學者來說，酒吧是賦予人們鮮明特性的最佳場所，因為不論年紀大小、身分貴賤、學歷高低，所有行業的人都會頻繁出入酒吧。如果不花很長時間在酒吧度過，很難理解當地文化的本質。

好像為了驗證上面這番話似的，關於酒吧的新詞彙也不斷出現。《牛津英語詞典》中，有很多詞是專門為酒吧量身打造的。

表示從一個酒吧到另一個酒吧，變換場地連著喝酒的詞是「pub-crawling」，這個詞在十九世紀初被廣泛使用。到了十九世紀五〇年代，又出來兩個新詞「pub-going」和「pub-hunting」來表示相同的意思。到了一九七〇年，又出現了「pub-lunch」（酒吧裡的午餐），一九七五出現了「pub meal」（酒吧裡的飯菜），一九七七年出現了「pub food」（酒吧裡的食物），諸如此類，不勝枚舉。

此外，一九七三年出現了「pub theatre」（酒吧裡的劇院），一九七五年出現了「pub-singer」（酒吧歌手），一九七六年出現了「pub-rock」（酒吧搖滾）等詞彙。

由此可見，本來就做為娛樂場所的酒吧又增加了新的娛樂形式。事實上，綜觀酒吧的歷史，你會發現不管在哪個國家，酒吧總能順應時代潮流，隨著社會變化調整自身形態，創造新的文化。

不妨先說一下啤酒的誕生吧！

荷蘭語「bier」和英語「beer」（啤酒）的語源不知是否相同，因為英語中的「beer」一詞由來眾說紛紜，有的說來自拉丁語的「bibere」（喝），有的說來自和「brew」（釀造）同詞根的希伯來語「bar」（麥），甚至還有認為啤酒最初是用梨做的，所以「beer」一詞來源於拉丁語的「pyrus」（梨）。另外，釀造啤酒的原料「barley」（大麥）一詞也被認為是來源於「beer-lec」（啤酒草）。

人們普遍認為在凱撒大帝攻占大不列顛島時，用大麥釀酒的方法就已經在歐洲各國流傳了。狄奧多羅斯（Diodorus Siculus）在《歷史叢書》中也寫到，當時被叫做「大不列顛人」的凱爾特人，在節日時會喝一種由大麥、蜂蜜、蘋果等為原料釀造而成的酒。

利用麥芽釀酒的方法非常簡單，把酵母放到麥芽中並用煮過的水過濾，靜靜發酵兩、三天即可。這種麥芽酒非常初級，幾乎算不上是酒，很多人把它當水喝。

歐洲的大都市裡，隨著人口增加，生活廢水、生活垃圾、家畜糞便和來自肉食處理廠、皮革製造廠的汙水等問題，嚴重影響飲用水的安全，因此麥芽酒像牛奶一樣成了安全飲品。早餐時，歐洲人通常會喝用榨過兩次的麥芽汁做成的度數較低的小麥芽酒，這種酒幾乎沒有什麼酒精含量，有時候婦女和孩子也會喝。十八世紀末茶葉未普及之前，人們把麥芽酒視為解渴的最佳飲品。

最美味的麥芽酒是僧侶們釀造的，在封建社會的歐洲，修道僧侶們對麥芽酒的發展做出了巨大貢獻，直到現在，比利時的修道院啤酒也非常有名。因為修道僧侶時間充裕，沒有來自生活的壓力，所以閒暇時間都花在怎麼釀造麥芽酒上了。他們煞費苦心，在釀造麥芽酒時加入地棉、菊花等香料，使修道院出產的麥芽酒比平常人家釀造的口味更加豐富，具有獨特的口感。沒有人對此提出異議，因為當時禁酒運動還沒有開始，人們不認為酒精有什麼原罪。

酒吧的出現比啤酒要晚，「酒吧」這個詞語是近代才出現的。《牛津英語詞典》中這個詞語的第一個例句引自一八五九年出版的俗語詞典。俗語詞典對「pub」的解釋是：同「public」（公共的），「pub」是「public house」（公共啤酒屋）的省略形式。《牛津英語詞典》中還強調「pub」是一種口頭用語，在日語中與「pub」相當的詞，算是「居酒屋」了，不過在意境上，二者截然不同。其實在「pub」出現前，所有賣酒、喝酒的地方都叫做「tavern」（酒館）或「ale house」（烈性麥芽酒屋）。

總之「public house」是今天所有酒吧的祖先，所以我們首先從「public house」這個詞語說起。

「public house」早在十六世紀就出現了，最初只有表層意思：公共場所。進入十七世紀後，也被用來指「尋歡作樂」的地方，或者像小客棧、招待所等可以提供住宿的地方。這些地方也可以為客人提供簡單的飯菜，還能販賣麥芽酒、葡萄酒、烈酒等。

酒吧是既賣酒又可以供客人們喝酒的地方，一直以來客棧、酒館都可以提供這種服務，可是為什麼後來又出現了實質相同、含義卻有些曖昧的「public house」呢？這是因為社會上出現了需要這種場合的新階層，他們需要一個有別於吃喝、住宿的地方，這個地方只供他們解放自我所用，於是新形式的酒吧就應運而生了。

很多地方都賣酒，性質卻不相同。比方說，酒館中以飯菜為主、酒水為輔，客棧以提供住宿為主，公共啤酒屋則主要提供一個可以邊喝酒邊聊天的場所。人們喜歡去公共啤酒屋還有一個重要的原因——彰顯自己的合群性。弗洛拉．湯普森 (Flora Thompson) 在一九四五年出版的《雀起鄉到燭鎮》中有過這樣一段描述：

男人們每晚都聚集到這裡，即使是半品脫的啤酒也能悠閒地喝上半天。他們談論土地、政治、農事……口若懸河、滔滔不絕，甚至有兩個人突然唱起歌來，好像在炫耀他們重歸於好似的。

慶祝節日、教會活動、結婚儀式等場合，人們會與朋友一起暢飲暢談。可以說酒館的出現就是這種飲酒需求的日常化，以前非要等到逢年過節才會有的狂歡，現在尋常化了，平常日子裡也可以享受，這對飲者來說不啻為一個巨大的誘惑。酒館和咖啡館慢慢變成不僅是休閒的地方，還是社交場所。漢普郡的治安法官曾對勞動者們說：「酒吧非常有魅力，不僅可以喝酒，還可以與友人暢談，人們在這裡說過的話會不斷地被散播出去。」

再後來，酒吧裡還可以進行撲克、撞球等室內活動，並且可以開展板球、鬥雞等室外活動。隨著各種酒館的誕生，飲酒愈發變得日常化，而酒館也不僅是喝酒的地方，它替代了原來祝祭節日的會場，成了能夠為人們提供歡樂的場所。

現代酒吧的前身是「酒館」，它有著非常悠久的歷史，可以一直上溯到西元四三年羅馬軍攻打不列顛島的時候。俗話說「條條大路通羅馬」，當時羅馬軍隊為了能隨時派遣軍隊，確實修了很多路。而且每條路上都設了很多供士兵休息、吃飯、喝酒的駐紮地，特別是在大城市。這些駐紮地，在拉丁語中叫做「塔貝露娜的酒館」。

這些酒館通常會把爬牆虎或葡萄藤蔓捆起來掛在店門口，這種叫做「布修」的東西是酒館的特殊標誌，相傳古希臘神話中獻給酒神巴克斯 (Bacchus) 的也是這種紮成束的小樹枝，可以說是現在酒吧使用的招牌原型之一。

莎士比亞的著名話劇《皆大歡喜》中的女主人公羅瑟琳在戲劇結尾說的「真正的好酒無須布修」，就好像中國諺語的「酒香不怕巷子深」一樣。當時羅馬人非常喜愛象棋，為了展示能在酒館中下象棋，有的酒館甚至把棋盤掛在店門口，現在一些酒吧招牌上依然殘存著的花紋就由此而來。

酒館一經誕生就非常受歡迎，以英國為例，一二七二年整個倫敦只有三家酒館，到了一三〇九年，酒館和麥酒屋的數量就超過一千七百家。最初的酒館只出售葡萄酒，後來才慢慢兼售麥芽酒，多數酒館都是在二樓賣葡萄酒，一樓和地下室賣麥芽酒。通常上流社會的酒客喜歡去二樓喝進口葡萄酒，而普通百姓則在一樓或地下室喝麥芽酒解渴。

從那個時候起，酒館就顯露出與眾不同的氣質，雖然將近千年過去了，人們在不同的時代飲不同的酒，但飲酒本身的意義並沒有變，祝祭、暢飲的氛圍依然存在。一六六九年，一個從美洲來到歐洲的遊客在旅行雜記中寫下一段文字，恰好說明了這點。

那裡有數不盡的酒屋，裡面的酒價格倒不算太貴。一樓總是擠滿了普通百姓，混亂不堪；二樓的酒客則是五花八門，從手藝師傅到上流紳士，各個階層的人各占其位。在酒館中，除了出售叫做「薩克」的西班牙紅酒外，還可以品嘗到來自加那利群島、馬拉加、波爾多等地的高級進口葡萄酒，還有夸克麥芽酒和蘭貝斯麥芽酒。

更重要的是，酒館多集中在因外貿而發展起來的城市。不管是對於商人、律師、文人墨客，還是每日為生活奔波的老百姓，酒館都是一個放鬆身心、放縱自己的地方，是和社會活動團體據點有著相同作用的地方。

試想一下，只要一進入酒館的店門，煩心事立刻被拋到腦後，心靈也能從孤獨中得到解放。坐到座位後，老闆熱情地招待，店員耐心地服務，一心一意只想滿足客人的要求。在這裡，一邊喝著啤酒，一邊放心大膽地和好朋友爭論話題，發表一己之見，和朋友溝通交流，心情放鬆愉悅，這是多麼愜意的生活狀態。毫無疑問，提供這樣場所的酒吧會盛行不衰。

進入十七世紀，各種酒的消費量呈爆發式增長，不過這種趨勢早在十六世紀後半期就有苗頭了。

莎士比亞的巨作《亨利八世》多次出現這樣的臺詞：「來吧！紅衣主教，讓我們開心起來吧！為了這些貴婦人的健康，讓我們同飲五、六杯吧！」從中可以看出，早在那個時候，人們就有了豪飲的習慣，開始乾杯了。其實，在亨利八世（Henry VIII）的宮廷中，提供給貴婦人們的早點就是「小麥粉麵包、一加侖麥芽酒、一壺葡萄酒」。一五一二年，法國一戶叫帕西的人家，早餐紀錄顯示家裡的男女主人除了享用特定食物外，即使在封齋節的期間，也要準備一夸脫的麥芽酒和葡萄酒，連下人們也會根據等級分配到一加侖或半加侖的麥芽酒。

伊莉莎白女王甚至稱麥芽酒潤喉、可口，每天早上都要先喝一夸脫的麥芽酒。不僅是王公貴族，當時的每個家庭，麥芽酒都是不可或缺的。據說當時在聖巴薩羅繆醫院和基督教堂醫院，即使是生病的孩子每天也要供應三品脫麥芽酒。

後來，酒館開始盛行，生活富裕的商人和貴族依然保持早餐喝麥芽酒的習慣。他們到各自偏愛的酒館中去享用「一杯早餐」——在溫過的麥芽酒中加入蜂蜜、砂糖、香料等，他們稱這樣的麥芽酒為「珍品」，此後，在麥芽酒中加入杜松子酒的做法也出現了，並且盛行一時。

翻看當時歐洲人的生活紀錄，會發現大家對葡萄酒多有提及，但對麥芽酒卻所提甚少。這是因為麥芽酒就像麵包和肉一樣每天都吃，所以幾乎沒有人特意強調，那時的麥芽酒通常是用來代替水和飯菜。

實際上，當時的歐洲，愈是人口密集的大都市，水質愈是存在著嚴重的安全隱患，人們時刻面臨著霍亂和傷寒的威脅。而恰好在釀酒時需要一個把生水煮沸的過程，所以麥芽酒和啤酒比飲用水更加安全。經過兩次沸騰的淡啤酒被稱為「small beer」（淡啤酒）者「table beer」（餐桌啤酒），因為度數較低，所以經常做為婦女和兒童的早餐。

如果從這個大背景出發，我們就不難理解西方人愛喝啤酒的習慣了。即使不用來替代飯菜，喝麥芽酒和啤酒也是一種最方便補充營養的方式。麥芽酒由麥芽和水釀造而成，不含任何雜物，是富含礦物質和維生素的高營養飲品，有益於強身健體。

雖然愛爾蘭人發明了自己的「生命之泉」——把研碎的麥芽蒸餾後釀造而成的威士卡，此外還有被荷蘭人稱為「蒸餾葡萄酒」的白蘭地，但在歐洲被廣泛飲用的還是麥芽酒和啤酒。

十七世紀末在英國這個愛好喝啤酒的國度，麥芽酒和啤酒的產量已經超過二千三百萬桶，十七世紀八〇年代後期到九〇年代後期一直處於高產量狀態。後來因為英國清教徒的反對，麥芽酒和啤酒的產量一度下降，直到十九世紀六〇年代，英國啤酒產量才又一次超過了二千萬桶。但不管外界環境怎麼變，當時英國平均每人每天都會喝二、三品脫的麥芽酒或啤酒，包括婦女和兒童，所以真正喝酒的人的日均飲酒量肯定會超過這個數字。

如此大的飲酒量，肯定會遭受來自以清教徒為主的市民們攻擊。

一六〇四年，也就是英國詹姆士一世（James I）即位的第二年，王室頒布了禁止過度飲酒的相關法律。王室的理由也很充分，是這麼說的：

> 過度飲酒導致社會犯罪現象不斷發生。流血事件、殺人事件、砍人事件、破口大罵、姦淫擄掠等很多時候都與飲酒有關，可以說是過度飲酒助長了社會的犯罪風氣。這些都是對神靈的褻瀆，是英國的奇恥大辱。過度飲酒也是對上帝恩賜的濫用，它可以令商業一蹶不振，使工匠荒廢手藝。總之，過度飲酒把我們很多國民推進了貧困的深淵。

英王室頒布法律，規定如有過度飲酒者，課以罰款。

一六〇四年的這條法律的重要性在於，它規定了醉酒完全屬於個人責任，但醉酒後如果出現粗暴行為則由酒吧老闆承擔責任。不過這條法律並沒有取得明顯成效，於是兩年後，政府又制定了新的禁酒法：因過度飲酒喝醉的人課以五先令罰款，或者六小時的烤腳刑；如果在自家或附近因醉酒而惹事生非，則追加三先令的罰款和四小時的拘留。

一六〇九年，對酒吧老闆的處罰規定也被列入了法律條文：對出現醉酒現象的酒吧處以三年禁止營業的懲罰。一六二五年，查理一世（Charles I）頒布了關於提倡舉報醉酒現象的相關法令，並於一六二七年再次頒布新政策——對於拒不繳納罰金的醉酒者處以當眾鞭打的刑罰，所獲得的罰金將用於填補貧民稅的空缺。

進入大航海時代後，歐洲列強紛紛開始從海外獲取財富。社會財富的急劇增加，導致歐洲各國的經濟形式發生巨變，從貴族占有土地的封建主義經濟，逐漸轉型為以新型產業和商業為主的資本主義經濟。換句話說，大部分土生土長的人從農業社會一下子轉到了新型產業社會，這就是所謂工業革命時期。進入十八世紀後，工人逐漸代替農民活躍在歷史舞臺上。

在農業社會，工作和家庭是一體的，勞動也是在家庭這個共同體中進行的。飲酒活動也是以這個共同體為前提，遵循自然規律和農時節令進行。但是在都市生活中，每天嚴格遵守勞作時間的工人們，飲酒不再具備傳統的儀式感，不必和節日或喜慶連繫在一起。任何一個人在結束一天的繁重工作後，都可以到酒館放鬆一下。因為飲酒是最簡單的娛樂形式，雖然偶爾會有人沉溺其中，但飲酒的確是把人們從機械式繁重工作中解放出來的最好方式。而且在酒館中，一些以前只在祭祀活動中才進行的娛樂活動，如鬥雞、賭博等，現在也隨時可見。

對於生活在都市中的工人來說，最具有重要意義的酒館要數麥酒屋了。然而在十八世紀，本來簡單樸素的麥酒屋在時代影響下也發生了改變。

十七世紀末前，和高級酒館不同，麥酒屋本質上是一個舉行祭祀活動、人群聚集、喝酒聊天的場合，也就是所謂提供「麵包和麥芽酒」的地方。但隨著產業化發展，貧富差距日益擴大，新的社會階層出現了，而且在喝酒的地方也出現了「分棲共存」的現象。

旅店和高級酒館是產業家和商人們交流資訊、洽談生意的地方，或者是有錢階級聊天休息的場所；而本來就規模很小、主要由個體經營的麥酒屋則主要有兩個發展方向：一是通過治安檢查的麥酒屋，它們像旅店和高級酒館一樣，愈來愈高級；另一個則是以貧民為主客的麥酒屋，這種麥酒屋愈來愈式微，只能勉強度日。

隨著都市人口不斷增加，新興的工廠和商店逐漸向郊區擴展，新富人階層也紛紛在郊區定居。這樣一來，新開的高級、典雅的酒吧都分散到郊區，市中心的酒吧則逐漸荒廢。

隨著釀造商生產規模的不斷擴大，產業資本家性質的釀酒商誕生了。在此之前，麥芽酒和啤酒的價格都是以原料成本為基準而定，可是自從出現了這種新的社會階層後，他們開始以營利為目的做生意。

十八世紀初期，社會經濟體制仍然是以農業為核心，勞動者之間貧富差距很大。當時的情況是：貧苦的農民都是喝自家釀造的麥芽酒，偶爾會到麥酒屋換換口味。但隨著人們生活水準的提高，愈來愈多人會選擇到麥酒屋喝酒，導致麥芽酒價格的提高。再後來，哪家店的麥芽酒香，哪家麥酒屋人氣旺，哪裡就會吸引很多回頭客，這就是麥酒屋由普通的酒館轉型為很多人聚集的公共酒屋的基礎。

進入十九世紀後，隨著產業化、都市化的進程，酒吧的發展也發生了巨大轉變。極大地促進了小客棧發展的四輪大馬車在十九世紀中葉迎來全盛時期，但隨著鐵路的迅速發展，馬車在陸上交通中的地位漸漸開始動搖。而且，就連曾經對啤酒等大件物品輸送具有重要作用的運河，在這個時期也稍遜於鐵路。

工業生產技術也在不斷進步當中，自從一八八〇年冷卻裝置問世後，啤酒生產過程中對高溫麥芽的依賴性就不那麼強了，大量生產淡色透明的啤酒也成為可能。

但是對淡色麥芽酒的發展具有最大促進作用的，應該是一八四五年降低玻璃製品稅的政策。之前價格昂貴的玻璃製品現在可以方便使用了，市場上的瓶裝啤酒也愈來愈普遍，就連酒吧裡的杯盤也由原來的陶瓷品、白鑞品，換成了大玻璃酒杯。本來就清澈純淨的啤酒配上透明的玻璃酒杯，更顯得無比誘人。

一七一四年，華倫海特 (Daniel Gabriel Fahrenheit) 發明了溫度計；一七八〇年，液體比重計被設計出來，到了十九世紀，能夠保障大量啤酒穩定生產的冷卻裝置問世，後來又被不斷改良。這些發明創造都對啤酒釀造技術的進步產生很大的推動作用，啤酒釀造業的科學時代已經到來。

自從用精密鏡片製造出高倍顯微鏡後，生物學研究也開始進入啤酒釀造業，在這方面取得最大成就的先驅人物就是路易．巴斯德 (Louis Pasteur)。巴斯德最廣為人知的成就是在狂犬病、雞霍亂、牛羊炭疽病等疾病方面的研究成果，其實他對發酵的基礎研究也為紅酒、啤酒的生產釀造做出了巨大貢獻。

一八七一年，巴斯德任職於惠特布雷德公司的切斯維爾釀造所。巴斯德在工作中發現幾乎所有的發酵過程都與微生物菌類密切相關，於是他培育了一種新的酵母菌，以便能夠在發酵過程中抑制具有阻礙作用的惡玉菌生長。

後來證明，利用這種新的酵母菌確實可以釀造出更加美味的啤酒。就這樣，一直被認為是神恩賜的發酵過程，經過科學驗證也不再神祕，而且人們逐漸認識到這是可以被科學改善的。記載這一方法的《啤酒的研究》，在之後很長一段時間都被視為釀酒業的經典之作。

隨著釀造出更美味啤酒的科學方法被發現，啤酒的產量迅速增長，酒吧也有了新的變化，奢華的維多利亞酒吧出現了。

十九世紀中期以後，以倫敦為首的都市相繼出現新興酒吧，它們被稱為「杜松子宮殿」，這些酒吧是由參與建造教會建築的義大利建築師所設計。店堂正面設計了各種窗戶，還有帶裝飾的鏡子，一到夜晚，不計其數的螢光燈在酒館前面閃爍，每天都能吸引很多前來觀看的客人。

這些酒吧還用了非常考究的瓷磚和壁紙，裝修非常豪華。大家一定沒有想過，為什麼酒吧喜歡用高凳，或者根本沒有凳子。這是因為人在站立時會緩解啤酒替胃腸帶來的脹腹感，從而喝下更多啤酒。酒吧老闆為了能盡量接納多一點客人，把原來的椅子拆除，改裝成了讓客人直接站在吧檯前面喝酒的格局，真可謂是嚴謹周密的設計。

雖然這種酒吧裝飾豪華，別具特色，但功能性上和以往沒有什麼區別，依然是莫逆之交聚會閒談的地方，是厭倦繁重工作和家庭瑣事的男人們逃離現實的避身之處。

是的，不管啤酒的釀造工藝發生多少變化，酒吧從誕生那天起做為老百姓消遣娛樂場所的屬性就一直存在，而且順應時代要求，甚至變得與生活更加密切了。

雖然酒吧經常被冠上「昏暗」、「骯髒」等修飾語，不過也正好給人一種貼近生活、毫不拘謹的印象。不管是在僻靜的山村，還是繁華的都市，老主顧們都喜歡三五成群地光顧這裡。在多數情況下，這類小巧舒適的酒吧也被叫做「當地酒吧」。

到了十九世紀，隨著產業的發展，工廠的勞動者數量大幅增加，即使對那些外地人來說，酒吧也成了生活中不可或缺的重要元素。比方說，工會的產生就和酒吧有著密不可分的關係。

十八世紀初期，已經存在著一種叫做「貿易俱樂部」的由相同行業人士組成的社會團體，這些團體聯合起來被稱為「貿易同盟會」，他們把酒吧做為集會場所。

這裡通常會舉行一些撲克、球類等大眾化的娛樂活動，有時也會為了表達相互間的友好而舉辦歌舞晚會。此外，這種酒吧也是互相介紹生意，推選工會代表人的地方，有些還會擺放一個「工會箱」，專門為傷病工友募捐款項而設立的。工會成立初期，酒吧就是工會的活動場所。

轉眼到了二十世紀，對啤酒和其經營者來說，二十世紀初是寒冬時代；對愛喝酒的人來說，這是一個令人不快的時代，因為這是禁酒運動發展到頂峰的時代，導致酒吧業不景氣，並且在第一次世界大戰期間更加嚴重。禁酒運動家認為這是一個提倡禁酒的好時機，因為戰爭迫使人們不得不拮据度日。

確實，隨著釀酒提純技術的發展，酒精的危害在這時也顯現出來。勞動者經常因為徹夜狂歡而使出勤率下降，或者即使出勤了也是醉醺醺的狀態，經常把事情搞砸，引起社會的極大不滿。

於是政府頒布了一系列政策，限制酒吧的經營。原先從早上一直到午夜，持續經營十九個小時的酒吧，被勒令只能在兩個時段營業，分別是中午十二點到下午兩點半、晚上六點到九點，其他時間必須關門休息。

啤酒的酒精度數也被要求大幅度降低，由原先的七％下降到一九一九年的三％，啤酒愈來愈淡，幾乎和水沒什麼區別了。雖然加水稀釋後酒精濃度降低了，但啤酒稅卻漲了四．三倍。

與此同時，對酒吧的改善計畫也在進行：限制酒吧的數量，保留口碑好的酒吧；在酒吧裡出售低度數的啤酒，針對女性提供不含酒精的飲料、食品和娛樂項目。雖然這不是絕對禁酒主義者的最終目標，但受到了節制飲酒主義者的歡迎。因為大家都普遍認為，對酒吧的約束管理是形成社會良好風氣的基礎，只要每一家酒吧都規規矩矩，至少街面上就會減少很多打鬧和糾紛。

酒吧的外觀和內部裝修也往奢華的方向發展，很多都設計成華而不實的杜松子宮殿風格和維多利亞酒吧風格，以此來吸引顧客。實際上這是由從來沒有在酒吧喝過酒，不理解勞動者心理的紳士想像出來的酒吧，對實際前來喝酒的人來說，外表的裝飾毫無意義，大家來到酒吧不是為了面子和虛榮心，而是為了放鬆。所以，酒吧的外表對飲者來說並不重要，以前甚至出現過在郵局喝酒的現象。

一戰時，不僅很多歐洲國家禁酒，美國也在展開禁酒運動，甚至更徹底，以至於當時北美的藝術家和文學家們都喜歡聚在巴黎。除了他們愛聚會之外，也是因為在法國可以肆無忌憚地喝酒。

同一時期，美國商船冒著被德國潛水艇擊沉的危險向歐洲運送小麥，但如果這些小麥不是用來製作麵包，而是用來釀酒的話，美國就會停止援助。

於是，啤酒的產量因為戰爭和禁酒運動的緣故大幅降低。在威爾遜（Woodrow Wilson）總統時期，啤酒的銷售量從大戰前一九一三年的一百二十七億二千萬加侖，急劇減少到大戰最後一年一九一八年的四十六億加侖。戰爭結束後的一九一九年，啤酒銷售量也沒有恢復到戰前水準，僅有七十八億三千萬加侖。

因為宗教、戰爭和衛道人士的影響，啤酒業總是呈現出波動狀態，但不管飲酒形態發生何種變化，熱愛飲酒的人並沒有因此減少。酒吧經營者也沒有因此放棄，他們謀求轉型，最成功的轉型是成為足球或其他體育運動愛好者的聚會場所。

比賽場地周圍酒吧很多，把總部設在酒吧的俱樂部和球隊也逐漸增加了。不久之後，足球隊掌握了主動權，乾脆和酒吧成為長期合作關係，一些酒吧的招牌也換成了比賽海報和球星，用來吸引顧客。

足球運動本來是禁酒人士限制飲酒而催生的新興體育項目，就好像為了幫助某人戒菸，而鼓勵他嚼口香糖一樣。但是酒文化比茶文化、咖啡文化更適合體育運動，於是酒吧和足球隊之間的關係變得愈來愈緊密。由於需要擴大比賽場地來接納更多觀眾，釀酒商和酒吧老闆為比賽場地和設施的建設提供了金援，很多足球隊的贊助商名單裡都出現了釀酒商的名字。

據說一九一一年有背景的釀酒商甚至持有足球隊和俱樂部一五%的股份，今天，釀酒商為成為足球隊的贊助商而投入大量金錢的做法已經毫不稀奇。我們看球賽時，總是在場地周圍看到大量誘人的啤酒廣告，這種習慣就是從二十世紀開始的。

過了沒多久，二戰爆發，禁酒人士又高興了起來，他們回想起一戰時獲得的禁酒成果，於是又一次展開了禁酒運動。有一些人甚至宣稱：「現在我們面臨的敵人有三個——德國、義大利和啤酒，啤酒就是裡面最邪惡的敵人。」啤酒比希特勒還厲害，這在今天看來是聳人聽聞的觀點，但他們也有藉口，就是許多國家衰退的原因在於國民道德上的淪陷。人類面臨災難時，總是有人各種瞎起鬨，胡亂找原因。

但是很明顯，溫斯頓．邱吉爾（Winston Churchill）的頭腦一直很清醒，他並沒有跟著禁酒運動家們瞎嚷嚷，相反地，他認為沒有比酒精更能喚起民眾愛國主義的熱情了，而在戰爭期間，一個國家需要的就是愛國主義。邱吉爾規定：「務必保證前線抗戰的士兵每週能得到四品脫的啤酒供應，如果做不到這一點，後方的戰士一滴酒都不許沾！」可以想像這個號令一出，前方戰士會有多開心，而後方的酒鬼們又多了一個奔赴前線的理由。

受邱吉爾的影響，很多歐洲政府也意識到一杯啤酒對鼓舞國民士氣、保持不屈精神所產生的重要作用。物資匱乏的戰爭時期，一些重要的食物是按照配給制度定量分配給每家每戶的，但啤酒並不在定量配給的範圍之內，因為它絕對要「充分供應」。吃不上飯不要緊，來杯啤酒吧！

對於部分從事繁重工作的勞動者來說，啤酒既是飲品又是主食，同時也是散心解悶的工具。就這樣，啤酒再一次承載著愛國熱情、肩負著富國強民的重任興起了。當時各界人士都響應邱吉爾的號召，對啤酒大加讚揚。是的，哪裡都不缺湊熱鬧的人。比如一九四〇年八月二十三日的《教會時報》中有一篇文章寫道：「戰爭爆發了，人們比平時更加渴望麵包和啤酒，啤酒是英國人飯桌上必不可少的，既可以使人精神振奮，又有助於營造和睦的家庭氛圍。」

酒吧也因禍得福了。由於戰爭期間空襲不斷，其他的娛樂場所都被迫關閉，只有酒吧依舊開張，再次成為人們的活動中心。在這種情況下，酒吧既是提供酒食的娛樂場所，又是公共避難所，人們還可以湊在一起醉生夢死，聊聊戰爭的八卦，想一想是不是來日無多。於是，很多之前從不踏進酒吧門檻的人也開始頻繁出入。

二戰的另一個副產品是女權主義的興起，隨著時代的發展，女性的收入大大增加，自我意識也慢慢崛起。但迫於時勢，她們沒有辦法旅遊、購物，只能待在酒吧裡打發時光。其實很多來到這裡的人並不是為了喝酒，而是想表達自己關心國家安危、支持前線同胞的熱情。

啤酒不再是一種單純的飲料，而是做為愛國心的象徵，重新出現在大眾面前。酒吧也一改昔日昏暗、骯髒的陰森形象，轉而變成積極向上、充滿團體意識的陽光場合。

從二戰後到現在，酒吧在全球經濟中煥發出新的生機，也繼續扮演著重要角色。開始追求連鎖化、品牌化和多樣化，不僅出售啤酒，各式各樣的酒精和非酒精飲料也都出現在這裡。

經過多年的進化，酒吧的文化性質更加突顯。在瞬息萬變的歷史發展潮流中，酒吧正是由於不斷自我改革才得以生存下來，並成為各個社會群體的文化中心。模式化的酒吧是不存在的，每一間酒吧都因為獨特形態而存活下來。根據不同的地理位置、不同的社會群體、不同的目的，酒吧必須各不相同。即使是同一家酒吧，在工作日和節假日、白天和晚上也會呈現不同的形態。

每個人的心中都有一個理想的酒吧，有人把它想像成遙遠村間的小客棧，也有人把它想像成村子裡的酒屋、街上的舞廳，甚至可能是貧民窟裡的小酒館。如果非要賦予酒吧一個特定的形象，那就毫無意義了，也是徒勞無功的，因為酒吧的形象是由它所處的時代和你所在的階層而決定。

換言之，酒吧就和這城市的夜晚一樣，反映的是你的內心，體現的是你的靈魂。每一個走進酒吧的人，都是一個渴望和自己對話的人，這是夜晚的本質屬性，也是酒吧的內涵。

咖啡館：傳統夜經濟模式之三

在中國，沒有什麼比咖啡店更能代表一個城市都市化程度的了。幾乎任何一條商業街都有大大小小的咖啡店。清晨，上班族從這裡握一杯咖啡步履匆匆而去；夜晚，靠街的大窗戶上映出紅男綠女對坐小憩的身影。

咖啡店對我們來說更象徵了一種文化，一種慢下來、靜下來、精緻的文化。它在商業上有多麼成功，就意味著現代人內心是多麼渴望安寧。

但是咖啡和茶、啤酒一樣，只是一種普通的飲料，咖啡店是包裹其上的文化附加物。很多時候，我們消費的是咖啡店文化，以這種飲品做為咖啡店文化的基礎，有著獨特的魅力。

雖然亞洲人對咖啡的喜愛僅局限於一小部分人，但世界人口中相當大比例的人群每天都在享受咖啡。咖啡香濃、可口，還可以任意添加牛奶和糖，關鍵是咖啡可以為飲用者提供咖啡因，讓他們一天活力滿滿。

咖啡店可能是唯一超過茶社和酒館的飲品店，無論是在歐洲、美洲還是亞洲，都能看到形態各異的咖啡店靜靜處在街頭一角，門口有乾淨的庭院和巨大的遮陽傘，坐滿走路走累了停下來歇息的人們。路過的時候，總有一股咖啡芳香伴隨著你。

道鐘斯商品服務機構關於咖啡對國家經濟重要性的判斷與世界銀行的評估相互呼應，它指出：僅義大利的十一萬家咖啡館就容納了三十萬人在此工作，單日銷售的香濃咖啡就達七千萬杯。

美國咖啡市場每年的經營總額為一百九十億美元，涉及十五萬工作者，直接為一．六一億消費者提供服務。美國專業協會估計：如果把從咖啡機生產者到咖啡杯製造者都計算在內，美國咖啡相關產業的就業人數就會升至一千五百萬。一家主要的咖啡加工企業聲稱，在日本有超過三百萬人的工作直接或間接與咖啡有關，要知道，這是日本勞動大軍總數的四．五%。

可能很多人不知道咖啡是世界上價值僅次於石油的貿易品。一九九一年，全球咖啡市場銷售總額是三百億美元，其中咖啡生產國得到一百二十億美元，占四〇%。目前的統計顯示，全球咖啡銷售帶來的年總收入在五十五億美元上下。

儘管有這麼多人從事和咖啡相關的工作，但我們對咖啡的起源卻所知甚少，咖啡是如何成為人們的飲品的呢？

大約在一五〇二年，位於阿拉伯半島西南的葉門，出現一種用原產自衣索比亞的植物果實製作的新飲料，這就是咖啡。首先在中東地區迅速流傳，人們稱為「阿拉伯酒」。咖啡在歷史上一直與殖民主義攜手並行，咖啡貿易是十六世紀鄂圖曼帝國創立和穩定的重要因素。最初於十五世紀後期在葉門做為一種神聖的禮儀用品而被消費。從那以後，咖啡消費迅速在當地傳播開來。

十六世紀末，歐洲商人和旅行者開始試著到鄂圖曼帝國境內探險，開羅和君士坦丁堡中顧客雲集的咖啡屋，吸引了最早到東方的歐洲訪問者，「阿拉伯酒」也隨之傳到歐洲。到了十七世紀，咖啡在歐洲——尤其是英國、法國和荷蘭——已經非常流行了。

十七世紀正是歐洲大陸的商人、水手和冒險家透過先進武器和技術，開始完善羽翼未豐的貿易帝國時期，咖啡是他們要在東方尋求價值最高的貨物之一。但咖啡的供給卻一直處於鄂圖曼帝國的壟斷之下，讓歐洲人非常不滿。

十八世紀初，荷蘭人、法國人和英國人設法弄到了咖啡樹苗，把它們栽種到熱帶殖民地，使用奴隸或近似奴隸的勞工的種植園中栽培。

咖啡樹是一種熱帶常綠灌木，人們種植的主要品種是原產於衣索比亞的小果咖啡，另一個品種是同樣原產於非洲的粗壯咖啡，但種植的規模較小。同一時期，葡萄牙、西班牙、荷蘭、法國和英國等殖民國家開始在熱帶殖民地種植小果咖啡。借助這時打下的基礎，巴西後來成為世界上最大的咖啡生產國。

這種植物在氣溫攝氏二十九度、年降水量一千～一千五百公釐、海拔為一千二百公尺左右的地方生長得最好。成長三、四年後，咖啡樹就會開出一簇簇氣味芬芳的美麗白花，一般一季開一次花。這些花會結出紅色的漿果，每個漿果中有兩顆種子，也就是「咖啡豆」。

透過簡單的程序，人們將咖啡果放進攪拌機除去外皮，洗掉皮下面的漿狀物質，然後將咖啡豆晒乾或烘乾，這一過程通常是在種植園中完成，咖啡豆的脫殼過程在銷售商的庫房中完成。隨後咖啡豆就可以烘烤、研磨了，而這個過程最好在飲用咖啡前進行。

目前控制著世界咖啡貿易的四家跨國咖啡加工企業分別是：寶僑、雀巢、莎莉和菲利普莫里斯，它們共占咖啡貿易分額的四〇%。星巴克這個國際咖啡貿易中姍姍來遲的新角色，也獲取了巨大的利益，它成立於一九七一年，一開始只出售咖啡豆，後來轉型為現在的經營形態，並迅速成為美式生活的象徵之一，目前全球約有二萬一千家分店，其中一萬二千家位於美國境內。值得一提的是，「星巴克」這個名字來自美國作家赫爾曼．梅爾維爾（Herman Melville）的小說《白鯨記》中一位處事極其冷靜、極具性格魅力的大副，他的嗜好就是喝咖啡。

咖啡消費在歐美地區已經相當普遍，其中大部分消費是在商界、文化界、政界人士聚會的咖啡屋中。與其他公共聚會場所、酒吧或教堂不同，咖啡因本身的作用保證了咖啡屋中多半會有活躍、資訊性很強的爭論和熱烈、新穎的交流。咖啡屋在許多財經機構的創建中扮演著關鍵性角色，促進了咖啡消費的增長。可以毫不誇張地說，咖啡在我們的時代居於自由市場經濟成功的核心。

西方資本主義財經和文化機構興起的過程中，咖啡屋文化所貢獻的力量不應該被低估。倫敦市的咖啡屋是類似股票交易所的孕育者，美國《獨立宣言》就是在佛羅里達商人咖啡屋前首次公開宣讀。當選的總統喬治．華盛頓（George Washington）在紐約商人咖啡屋前受到隆重歡迎，如果他能在兩個世紀後從那家咖啡屋所在的地方前行幾百公尺，就能走進咖啡、糖、可可、期貨四合一的交易市場──世界貿易中心。二〇〇一年，這個中心在由賓拉登（Osama bin Laden）策劃的「九一一恐怖攻擊事件」中被摧毀。而賓拉登的祖先來自葉門，那裡恰恰是咖啡的故鄉。

一八四九年一月十日，英國維多利亞女王（Queen Victoria）宣布，即日起改革英國郵政系統，郵費由寄信人承擔，標誌著現代郵政的開始。這就是「一便士郵資制」，人們只用一便士就可以寄一封預付郵資的信，也就是利用咖啡館收集和遞送信件。

除了做為信件的集散地之外，咖啡館也做為開會和交易的場所，像東印度公司、哈德遜灣公司、黎凡特公司等大型貿易公司都常常把咖啡館當作交易廳，醫生也在咖啡館中做廣告推銷藥品。

咖啡館在英國並不是最早的世俗聚會場所，因為小酒館已經以這種社會功能存在了數百年。英國的咖啡館是一個嚴肅的場所，在那裡，擁有高社會聲譽和地位的人，可以和其他階層的人聚集在一起。這個具有包容性的社會交往環境，反過來促進了具有相似興趣的人組成社團，其中包括文學、商業、科學或政治社團。倫敦的咖啡館經常被戲稱為「便士大學」，因為只要一便士就能入內，而在那裡獲得的知識卻是無價的。

一些非正規的商業社團匯聚成倫敦的強大機構，其中勞埃德咖啡館中關注海外運輸業的人們組成實力雄厚的保險公司——勞埃德公司。倫敦證券交易所就是在「交易巷」的喬納森咖啡館裡醞釀誕生的，東印度公司將坐落在考珀庭院的耶路撒冷咖啡館變成了非官方總部，後來以「耶路撒冷－東印度咖啡館」聞名。

咖啡館帶來的文化效應和喝咖啡導致的生理效應很難截然分開，「便士大學」無疑促進了人們之間某種程度的聯合，否則他們可能一輩子也不會碰面。如果沒有咖啡這種能刺激人類大腦智慧的飲料，這些人聚在一起也不一定會形成社團。有人認為直到咖啡傳入之前，歐洲北部的人長期處於一種輕度昏沉狀態。因為水平淡無味，許多人從早到晚喝輕度啤酒。改喝咖啡後，他們不僅降低了飲酒導致大腦昏沉的程度，而且攝入了一種強勁且令人興奮的藥物，咖啡的介入可以說造成了第二次「腦容量增加」，正像人類在衣索比亞的祖先所經歷的那樣。

大約五十萬年之前，人類的腦容量劇增了三〇%，增加的部分主要是在進行絕大多數自覺思維的大腦上部。科學家提出許多理論解釋這種情況，但從語言發展角度提出的解釋似乎最為可信，因為語言建立在大量思想的基礎上，語言的產生大大提高大腦能力，進而產生更多需要思考的問題，反過來又促進了語言的完善。

語言的產生把人類置於一種至少自己部分決定其演化道路的境地，使人類得以發展出過往難以想像的概念，並運用概念互相溝通。我們都知道，衣索比亞是較早出現人類的地方，科學家不禁要思考，野生咖啡樹在這片高地森林的繁衍是否對人類語言的形成產生了影響。換言之，也許正是在咖啡因的誘導之下，人類的大腦產生幻覺，舌頭開始胡言亂語，於是，語言產生了。

衣索比亞高地蔥郁的植被和奇妙的景色，可能就是神話中伊甸園的絕佳背景。即使在斷裂的河谷斜坡森林中，依然生長著野生的咖啡樹，白色的花朵散發出濃郁且類似茉莉的花香。含有兩粒咖啡豆的咖啡果由綠色變成金黃，最後變成深紅色的一串串成熟果實，在咖啡樹柔和與豐美的綠葉襯托下鮮美奪目。毫無疑問，它們會勾起我們祖先的欲望，想要嘗上一口。

如果原始人的確在寧靜的高地上品嘗過咖啡，也必定是原料狀態的咖啡。而在今天，咖啡幾乎全部是經過烘焙才供人類使用，以至於絕大多數並未置身於咖啡貿易中的人很難說出綠色的咖啡豆究竟是什麼樣子。

咖啡的烘焙不需要十分複雜的工藝，完全可以在家裡完成。需要準備的不過是在火爐上預熱大煎鍋，但不要放油。烘焙過程需要不斷用木鏟翻動，幾分鐘內咖啡豆就會變成金色。由於咖啡豆內細胞結構的水氣膨脹，所以偶爾會發出劈劈啪啪的聲音，就像爆玉米花那樣。

帶有濃重油性和水氣的輕煙從鍋底慵懶地飄起，咖啡豆開始一點點褪去金色，變為棕色，爆響聲變得頻繁，偶爾會有咖啡豆從鍋中飛出。黯然無光的棕色咖啡豆變為油汪汪的亮棕色，飄散出沁人心脾的馨香。最後，連珠爆響，濃濃煙氣中咖啡豆烘焙完成。這時將咖啡豆傾倒在室外涼爽空氣中的金屬過濾器，大約十分鐘過後，就可以研磨了。那時它們會散發出濃郁的芳香，這就是我們為之傾倒的咖啡。

據稱《舊約聖經》就有使用咖啡的跡象，其中包括亞比該 (Abigail) 送給大衛 (David) 的某種禮物，以掃出賣其繼承權而獲得的「紅豆湯」，以及波阿斯 (Boaz) 被明令交給路德 (Ruth) 的乾焦豆粒。有些人認為這些都是指咖啡。

人們對咖啡的獵奇也到了非常奇怪的地步，最讓人吃驚的是貓屎咖啡（麝香貓咖啡）的出現。

成熟的咖啡果對一些動物有一種強烈的誘惑，讓牠們做出奇怪的舉動。夜晚，麝香貓會在種植園裡吞食最好、最成熟的咖啡漿果，消化掉果皮和包裹著果殼的果肉，甚至是裡面薄薄的「銀皮」。這個過程恰好完成了現代的「溼」、「乾」加工技術要做的事情，即將咖啡豆的核與外部保護層完全脫離。不過麝香貓消化不掉堅硬的果核，它們經過麝香貓的消化系統被排泄出來。咖啡豆在麝香貓的消化過程中會帶上一種特殊的味道，從麝香貓的糞便中挑選出來，經過清洗、烘焙以後，備受青睞，成為世界上最貴的咖啡。雖然品質仁者見仁，智者見智，有人認為這一過程非常噁心，但也有一群人堅稱這樣的咖啡香濃可口，口味不俗。

據說，印度的猴子、鸚鵡、貓鼬也能進行這種神奇的咖啡加工，做為牠們消化過程副產品的咖啡同樣受當地人喜愛。

烘焙咖啡的過程中發生一系列複雜的化學反應，形成咖啡獨特的香氣和味道。其中最明顯的是咖啡豆內部水分在加熱時作用於細胞結構，使其比原來增大了一倍。另一個變化是烘焙破壞碳水化合物，糖分子被焦糖化，從而使咖啡豆由淡綠色變成棕褐色。最重要的變化是在咖啡豆內部變熱時發生熱解過程，碳水化合物和脂肪結合成新分子，就是我們常說的油。

咖啡油包含了咖啡獨特的香氣和味道，青咖啡豆不含油，烘焙後才會產生油。目前已經發現咖啡豆包含八百多種不同的化學成分，比如糠基硫醇、糠醛、乙基呋喃，另外還有微量的三甲胺，鯡魚中也含有這種物質。像香水一樣，咖啡奇特的成分造就了自身的奇蹟。

正是因為咖啡油的成分極其複雜，科學家無論如何努力都無法盡善盡美地仿造出來，這就是為什麼所有的人造咖啡味道都不佳的原因。咖啡油的重量在咖啡中不及三％，但如果沒有咖啡油，咖啡就沒有任何香氣和味道。

具有諷刺意味的是，保存咖啡油的最大障礙就是咖啡豆本身，因為烘焙後二十四小時內，每千克咖啡豆會產生十二升二氧化碳，很多咖啡油隨著氣體被揮發掉，因此烘焙好的咖啡豆需要十分複雜的包裝技術，一旦儲藏不善，易揮發的咖啡油很容易氧化，使咖啡的香味消失，人們喝到的就是走味且口感不佳的咖啡了。最理想的情況下，咖啡應該一氣呵成地完成烘焙、研磨和泡製這三道工序，這是傳統咖啡的製作方法，也是最好保留咖啡風味的做法。

從技術上說，即使人們用密封的錫罐儲存烘焙後的咖啡，不到一天，裡面強大的氣壓就會把錫罐的蓋子拱起來。即便可以解決這個問題，烘焙後的咖啡豆也會很快被罐裡的氧氣氧化。雖然烘焙後的咖啡中只有很少一部分成分具有香氣和味道，但只需要極少量的氧氣，就足以造成咖啡變味。

因此，密封容器保存咖啡的效果並不好。被烘焙過的咖啡豆本身就是抗氧化的第一道防線，咖啡封閉的細胞結構防止內部與空氣接觸過多，如果沒有過度磨損，可以保存數天。如果要長期儲藏，就必須避光，因為光照會加速氧化，要放在陰涼地方，這樣能減緩咖啡氧化的速度，甚至可以儲存一個月之久。

研磨咖啡會使咖啡的細胞結構暴露在外，增大與空氣接觸的面積，更容易被氧化，二十四小時後就會明顯走味。

解決方法是用氮氣之類的惰性氣體吹拂的環境下，把咖啡裝入一個大罐子，並透過閥門釋放出過多的氣體。現在餐飲業經常使用的真空零售袋和香料袋，就是受此啟發而成。

研磨後的咖啡怎麼儲存呢？為了與空氣隔離，機器在研磨過程中會使用特定設備不斷向研磨機吹送氮氣，再進行包裝，這樣就可以讓咖啡盡可能少接觸氧氣。

真空的馬口鐵或錫箔袋是產業化咖啡業使用最久、最普遍的包裝形式，目前我們依然使用這種方式。這種包裝技術是一九〇〇年洛杉磯的希爾兄弟 (Hills Bros.) 率先發明，後來逐漸被北美和其他地方採用。

這種包裝會使消費者產生一種錯覺，好像咖啡經過真空包裝就被完美保存了。但情況並非如此，因為包裝過程中使咖啡完全處於惰性氣體的環境中在經濟上是行不通的，這需要生產中所有的設備與周圍的大氣隔離，從成本上也行不通。即使是真空包裝，包裝袋中也會殘留一點氧氣，而哪怕一點點的氧氣都足以使咖啡明顯走味。雖然真空包裝的咖啡比非真空的咖啡味道純正很多，但最終的產品仍然不會完美。

現在市場上還有占很大比重的即溶咖啡，我們有必要看看這到底是什麼東西。可以這麼說，即溶咖啡與真正的咖啡最大相似之處在於都使用「咖啡」這個詞，除此之外，二者之間的任何相似都純屬巧合。這不是說即溶咖啡是個騙子，但我們應該認識它究竟是怎麼回事。說到底，即溶咖啡就是一種方便的、會帶來愉悅的、含咖啡因的類咖啡熱飲。

目前世界上主要的咖啡公司都對即溶咖啡的製作技術進行巨大投資，德國和英國是其中的業界翹楚。比如主導著英國咖啡市場的雀巢公司產業結構裡，即溶咖啡是全公司最賺錢的產品部門。

即溶咖啡的成功完全仰賴於方便性，雖然這是靠欺騙消費者感覺而實現的，但還是大行其道，許多人似乎喜歡它勝於真正的咖啡。特別是進入工業時代，人人都忙得不亦樂乎，以便捷省力為賣點的即溶咖啡就迅速博得人們歡心。這是快節奏生活帶來的，但依然有傳統咖啡愛好者保留對高品質咖啡的追求，現在遍地開花的咖啡店就是最好的佐證。

大體上說，咖啡中最活躍的成分是咖啡因，全世界每年消費約十二萬噸純咖啡因。咖啡因本身是一種帶有濃重苦味的白色生物鹼，這種味道很容易辨別，這就是很多人覺得「去咖啡因咖啡」難以下嚥的原因。

一個人可能會因為服食約十克以上的咖啡因而死亡，所以對咖啡因過於敏感的人，不能大量飲用高濃度咖啡。在短時間內喝下一百杯咖啡同樣可以使成年人死亡。像巴爾札克(Honoré de Balzac)那樣每天喝六十杯咖啡是非常危險的。較早的研究表明，相當於一粒米的六十七分之一大小的咖啡因就可以殺死一隻體型不大的青蛙。

美國科學家曾進行了一次咖啡因對生物影響的有趣實驗，普通的蜘蛛不幸成為實驗對象。實驗有點殘忍，是這樣的：讓蜘蛛服用各種刺激神經的藥物，然後把實驗蜘蛛所織的網與沒服過刺激神經藥物的蜘蛛所織的網相比較。科學家選擇的藥物有咖啡因、苯丙胺、大麻萃取物和水合氯醛（供人類服用的鎮靜催眠藥）。

實驗結果對喜歡攝取咖啡因的人來說不是個好消息，服用大麻萃取物的蜘蛛編織的網近乎完美，只是忘了把網織完；服用苯丙胺的蜘蛛織網速度近乎瘋狂，但織的網很小，縫隙卻很大；服用水合氯醛的蜘蛛恍恍惚惚，織的網最小；而服用咖啡因的蜘蛛織的網與正常由中心向四方輻射的蜘蛛網完全不同，已經混亂到放棄本能了。

結論是：咖啡因對蜘蛛的織網能力影響最大。

人類和蜘蛛是完全不同的物種，即使咖啡因對蜘蛛的破壞力這麼大，卻仍是全世界一半人類每天都要喝的東西。這種東西本質上來說是一種強效的殺蟲劑和消毒劑，很多時候下水道生蟲了，倒進去一杯咖啡就會管用。事實上，咖啡因的破壞力強大到足以把咖啡樹殺死。很多植物包括咖啡樹、茶樹、冬青、可可的葉子和果實中都含有咖啡因，使甲蟲、蛀蟲、螞蟻和其他蟲子不能靠近，所以人類痴迷不已的其實是一種殺蟲劑，但自然就是這麼奇妙。

茶葉中的茶鹼與咖啡中的咖啡因，經過離析後被證明是一種結構的東西。這大概也能解釋為什麼飲茶和喝咖啡的習慣，能不分彼此地在全世界盛行。但你永遠不知道人類的喜好有多奇怪，一九〇六年，德國漢堡的路德維希·羅塞魯斯 (Ludwig Roselius) 申請了一項脫去咖啡因的程序專利，他把這項專利稱為「咖啡魔法」，後來許多法國人和美國人也這樣做了。

不含咖啡因的咖啡帶來的商業潛力強烈刺激著咖啡產業，商人們投入大量資金研究、開發從未經烘焙的青咖啡豆中除去咖啡因的生產技術。在大多數咖啡品種中，咖啡因約占乾咖啡豆總重量的一%到二·五%。脫咖啡因程序需要把青咖啡豆浸泡在溶液裡，破壞其中的咖啡因。

隨著時間的推移，人們對健康的憂患意識增強了，更何況飲用脫咖啡因咖啡的消費者，健康意識本來就比一般消費者強。最初用來脫咖啡因的溶劑是純苯，之後改成甲基氯化物。但後來人們發現，老鼠服用大劑量甲基氯化物會致癌，結果這一技術被美國食品藥品監督管理局禁止。一九七九年，瑞士的咖啡公司引入一種「水處理」技術，並取得巨大成功。

無論採用哪種溶劑都會破壞咖啡的香味，並且因為處理工序不同，影響也會有所差異。因為咖啡因是一種苦味的植物鹼基，所以脫咖啡因的咖啡有一種甜味，而且經過脫咖啡因處理後的咖啡更易走味，使那種甜味加重。

因為對咖啡因的質疑聲音愈來愈大，促使愈來愈多知名品牌，不管是烘焙研磨咖啡，還是即溶咖啡，都成功地將脫咖啡因產品納入銷售系列中。當有人批評咖啡因會讓蜘蛛發瘋時，這些公司就會說：「那你幹嘛不喝脫咖啡因咖啡呢？」

咖啡是世界上受到科學審議最多的食品。

優雅的巴黎第八區有一所僻靜別墅，四樓設立了咖啡科學的祕密中心——國際咖啡研究會。這裡的祕書處負責協調有關世界上最有價值的農產品，也就是咖啡最新科學研究成果的傳播。更重要的是，主持並展示一年兩次的來自世界各地實驗室的大量咖啡研究成果會議。

商業界在科研領域下的賭注非常高，主要原因是人們愈來愈關注咖啡因對健康的影響，以至於美國的咖啡消費量在一九六二年到一九八二年間下降了三九%。這種狀況到一九九〇年得以扭轉，咖啡產業將此歸功於反對科學界相關言論的努力。

現在生產優質咖啡已經成為一種時尚產業，市場需要創新，咖啡烘焙和生產商不遺餘力地滿足市場的種種需求，把不知名咖啡變成與眾不同的咖啡品類。

在已開發國家的咖啡市場，我們很容易發現咖啡的產地意識影響巨大。貨架上的咖啡名稱——肯亞、哥斯大黎加、爪哇等，都是特意設計出來，用於刺激顧客的購買意願。這就像一本旅遊宣傳冊，通常還有配套的圖片，用來激發顧客對該國的想像。比如日本消費者喜歡坦尚尼亞咖啡卻不喜歡肯亞咖啡，雖然這兩種咖啡的味道不一樣，但主要原因不是這個，而是吉力馬札羅山和日本富士山十分相似，日本許多加工坦尚尼亞咖啡的商人都喜歡在包裝印上吉力馬札羅山的形象。

二〇一七年前後，咖啡產量居世界前十位的國家中，四個是中美洲和南美洲國家，印尼位居第五，但其地位是荷蘭殖民時代的遺贈。十大咖啡消費國中，第一是美國，然後是其他西歐國家，日本位居第四；另外兩個是主要的咖啡生產國：位居第二的巴西和位居第九的衣索比亞。

西半球的咖啡產量占世界產量的三分之二，消費量占三分之一。美國是世界上最大的咖啡消費國，消費量約占世界咖啡產量二五％。

越南登上咖啡業的世界舞臺之前，哥倫比亞一直是僅次巴西的第二大咖啡生產國，在一般的年分裡，生產一百萬噸咖啡。哥倫比亞咖啡的品質明顯高於最大的競爭者巴西，主要是因為哥倫比亞種植咖

世界前十名生產國	生產量（千噸）	世界前十名消費國	消費量（千噸）
1. 巴西	1,941	1. 美國	1,121
2. 越南	676	2. 巴西	765
3. 哥倫比亞	560	3. 德國	567
4. 墨西哥	387	4. 日本	404
5. 印尼	361	5. 法國	319
6. 象牙海岸	328	6. 義大利	307
7. 印度	324	7. 西班牙	188
8. 瓜地馬拉	312	8. 英國	138
9. 衣索比亞	210	9. 衣索比亞	98
10. 烏干達	186	10. 荷蘭	95

啡的地區海拔較高。

大量的哥倫比亞咖啡被銷往美國，出現在遍布美國可以無限續杯的早餐咖啡壺裡。這種咖啡味道很淡，沒有什麼咖啡味，而且無論什麼品質的咖啡都會被加進去的煉乳破壞了味道。

歐洲市場對咖啡的需求更為講究，因而需要用更精細的方法篩選，這種咖啡被稱為「歐洲品級」咖啡。對於一個調製咖啡的廠家來說，哥倫比亞咖啡最大特點是在與其他品種的咖啡調和後，還能維持原來的味道特徵，使它保持了高水準咖啡的地位。在所有生產咖啡的國家中，唯獨哥倫比亞的咖啡樹不受季節影響，四季都可以收成。

這些情況為人們留下一種印象，好像哥倫比亞的咖啡業在其政治體系的掌控下運行良好，咖啡生產者能夠在不受外界干擾的情況下解決各種困難。其實並非如此，因為美國在全球維護石油利益，致使哥倫比亞國內的戰爭不斷升級，國民收入下降，曾經是國家支柱產業的農業急速衰退，有二百萬英畝耕地閒置。於是很多咖啡農拋棄了先前枝葉茂盛的咖啡園，轉而種植古柯和罌粟，以增加收入。哥倫比亞的南部到處生長著古柯和罌粟，美國人派飛機從空中猛撒含有劇毒的農藥，殺死古柯和罌粟，但這樣做的同時也殺死了該地區的其他農作物，造成哥倫比亞地區居民的極大反感。

在一般人的印象中，咖啡是一種令人愉悅的飲品，是一種生活品質的象徵。但這種全世界最具經濟效益的農產品背後有豐富的演變和進化歷史，是文化的一部分，同樣也是經濟貿易的一部分，有時甚至伴隨著侵略和霸權。中國的咖啡產業起步較晚，這是因為中國一直以來是飲茶大國，做為外來品的咖啡不容易發展成種植產業。目前中國最大的咖啡產區是雲南，占中國咖啡種植面積和產量的九九%以上。雲南咖啡種植面積從二〇〇八年的三十多萬畝發展到二〇一四年的一百四十多萬畝，產量從三萬噸左右上升到二〇一三年的八萬多噸。

自二〇一四年以來，雀巢和星巴克等咖啡公司加大在雲南開闢原料產地的力度。雲南小粒咖啡也慢慢有了一些知名度，但依然處在起步階段。

中國人喝咖啡的習慣大概從二十世紀九〇年代以後開始，到了今天，很多都市人都已經對咖啡產生了依賴。雖然中國的咖啡年消費量並不高，但人均消費量卻以三〇%的速度遞增，成為世界上最具潛力的咖啡消費大國。

無論如何，咖啡早就成了我們生活的一部分，無法割捨。咖啡替人們帶來的愉悅愈多，由此產生的經濟利益也愈大，圍繞這些利益導致的貪婪就愈厲害，而貪婪不可抑制地產生了傷害和無序。但這一切都不是咖啡的錯，是我們怎麼對待它的問題。

據《華爾街日報》估計，二〇〇二年全世界有一．二五億人依賴咖啡生活。據世界銀行的統計，在開發中國家，有二千五百萬小生產者以生產咖啡為唯一收入來源，每個這樣的小生產者平均養活五個家庭成員，這些家庭成員總數相當於日本全國的人口。世界銀行進一步估計，全球有五億人直接或間接地捲入咖啡貿易中。

如此巨大的經濟體量是咖啡的魅力，其魅力在於賦予人生停下來的意義，雖然只有片刻時間。無論是在陽光明媚的早晨，抑或某個慵懶的午後，坐在桌邊小憩，面前一杯溫暖香醇的咖啡，享受一小段休閒時光，人生好像就此靜謐起來。

甜中有苦，苦中帶甜，咖啡就如人生。

夜間文化產業是娛樂經濟代言人

說完了傳統的經濟模式，我們來說說新興的經濟模式，首先要提到的是娛樂經濟。

隨著國民人均收入的提高、恩格爾係數降低、休閒娛樂需求增長，服務經濟時代與體驗經濟時代先後到來。體驗經濟是繼農業經濟、工業經濟和服務經濟後，人類經濟生活發展的第四個階段。現在，娛樂體驗做為大眾生活方式的時代已經悄然到來。在新的時代裡，娛樂經濟正成為經濟發展的重要引擎，成為推動經濟增長的主要動力之一。

什麼是娛樂呢？

英國哲學家赫伯特．史賓賽（Herbert Spencer）認為，人類在完成維持和延續生命的主要使命後，尚有剩餘的精力存在，這些精力的釋放便是娛樂；德國生物學家谷魯司（Karl Groos）認為，娛樂並不是沒有目的的活動，並不是完全與實用無關的行為。娛樂不但是人類在改造自然、改造自身生活的進程中用以調節節奏、獲得休息的手段，同時也是對未來人生的準備。

那麼什麼是娛樂經濟呢？前面提過美國經濟學家麥克爾．沃夫的「樂趣導向消費」，在這個趨勢下，會有愈來愈多產品、服務提供娛樂功能和娛樂因素，讓人感受到輕鬆有趣，和休閒娛樂甚至文化藝術有關的人、事、物，都是娛樂經濟不可或缺的組成部分。娛樂經濟並不單指娛樂、休閒業，娛樂經濟的範圍更寬廣，它包括廣告娛樂形式、行銷傳播娛樂形式、產品本身娛樂互動形式等。娛樂經濟是社會發展到一定階段所產生的一種經濟形式，是物質消費的精神價值體現，屬於精神與心理消費經濟。

夜間娛樂產業就是娛樂經濟的最佳代言人。

夜間娛樂產業做為休閒、消費的一種形式，對於實現人的需求的全面滿足，促進人的素質和能力的全面發展與自由個性的最終實現等有重要意義，是實現人的全面發展的重要途徑。

發展夜間娛樂產業有利於塑造和發揮人的主體性，也有利於塑造人的自由個性。人們透過夜間文化消費，積極參加各領域、各層次的交際活動，和整個世界的生產發生聯繫，並且利用人類的豐富文明成果發展自己，追求全面的能力和人格，從而獲得個性自由。

在知識經濟時代，夜間娛樂產業愈來愈成為社會重要的支柱產業。

娛樂經濟產生於工業化社會後期，最早開始於進入後工業社會的美國。隨著新興工業化進程的加快，人們開始從最初的追求物質與精神享受到追求幸福體驗。人們的生活方式、消費模式、工作方式也發生改變，更加關注在生活中享受樂趣，在工作中消除精神壓力，在精神上追求自身的幸福與快樂。

美國學者曾預測娛樂經濟將成為下一個席捲全球的經濟大潮，事實上，目前娛樂已經與旅遊、傳媒、資訊產業一同成為全球產業排行榜中的四強。

在日本，娛樂業產值僅次於汽車工業，「財富世界五百大」中許多企業的利潤增長點，有相當比重來自下屬的娛樂公司和傳媒公司業務，如通用汽車、索尼、松下電器、百事公司、西屋電氣、三星集團、美國線上等。

隨著資訊技術的發展，數位娛樂產業呈現快速發展趨勢，在一定程度上甚至超過了傳統娛樂業。一九九九年美國遊戲產業已經超過電影和錄音帶工業，成為第一大娛樂產品。二〇〇〇年全球數位娛樂業已超過傳統娛樂業，日本經濟的五分之一由數位娛樂業創造，韓國數位娛樂業增長率高達四〇％，成為韓國的支柱性產業。

而在中國，娛樂經濟也開始出現，並且呈現井噴趨勢。隨著逐漸步入小康社會，人民生活水準不斷提高，人們愈來愈願意享受生活。消費者開始從追求溫飽轉向追求精神世界的享受，在獲得基本生活需要的基礎上，節假日的娛樂需求，人際交往的需要，以及個體的不同訴求都為娛樂業的發展提供了土壤和巨大商機。

在世界各地，娛樂經濟的增長與其地區的經濟發展呈正比，伴隨著娛樂經濟的發展，影視娛樂、數位娛樂、酒吧夜店等娛樂產業在許多國家都是成長最快的領域。

在歐美的一些城市裡，如美國的丹佛、巴爾的摩，娛樂經濟甚至擔當了城市經濟復興的重任。城市以單純的娛樂業發展為契機，使娛樂元素與當地產業融合，帶動如旅遊、餐飲、交通物流等相關行業的發展，最終實現城市經濟的復興。

夜間文化經濟是娛樂經濟的重要組成部分。

由於白天生活工作的種種壓力，人們都有尋求解脫的衝動。社會高速發展、市場激烈競爭、生活節奏加快，人們迫切需要放鬆自我、釋放自我，或者以另一種與自我相悖離的方式肯定自我。

夜生活恰好迎合了這一點，提供人們很多種工作時間之外扮演自己的可能性：你可以在KTV肆無忌憚地嘶吼唱歌，發洩鬱悶；也可以在咖啡廳小憩，放鬆自我；還可以去舞聽放鬆身體。夜間生活的產生，實際上是脫下白天的面具生活，平衡工作壓力的要求使然。

夜生活實質上是一種休閒生活，而休閒是人們在閒暇時間內進行的自由活動，這些活動不僅是對閒置時間積極有效的利用，而且常常伴隨著對文化休閒產品、設施和服務的消費，夜間經濟由此而產生。

移動網路時代，夜經濟指向私人訂製

如果說傳統產業的關注點還是落腳在提供物質需求，那麼隨著第四次工業革命的蓬勃發展，產業模式發生了翻天覆地的變化，對商業的追求不再僅是提供物質上的滿足，更多的是製造幸福感。可以說如果一個經濟體無法為人們提供源源不斷的幸福感，就無法在今天的商業社會中生存。

傳統企業經營者在進行市場細分時，將包括性別、年齡、職業、收入、家庭規模等在內的人口統計學指標做為劃分標準。於是，移動網路的小眾時代到來了。

隨著智慧型手機的普及，移動網路時代已經到來，而「網際網路＋」的影響也已經深入移動網路普及階段。上班出行時，Uber會不定期發紅包邀請你叫車；一日三餐都可以利用外送ＡＰＰ點餐，既可以享受上門送餐服務，有時還可以享受優惠；各種支持手機付款並享受折扣優惠的商店隨處可見。手機已成了出門在外必須攜帶的工具，不帶手機就沒有安全感，比不帶錢包還可怕。

手機意味著「私人」，意味著「便捷」，也意味著生活現實和網路虛擬的結合。如果讓人們列舉世界上最大的幾家網際網路公司，他們會告訴你：Google、亞馬遜和臉書。但有一個名字可能會被忽略，儘管它和前面這幾家公司在網際網路世界中的分量不分伯仲，它就是騰訊。

騰訊著眼於社交網路服務，如即時通信、門戶網站、電子商務和多人線上遊戲服務。騰訊使用一種工具將現實世界與虛擬世界連接起來，那就是微信。

微信於二〇一一年發布，字面含義為「微小的資訊」，是一種集社交應用和媒體平臺於一身的移動軟體。二〇一七年九月，微信的日登錄用戶人數達九．〇二億，月人均成功通話次數十九次，時長一百三十九分鐘。此外，微信用戶平均每月的公眾號文章閱讀量相當於一本小說，這些數字太驚人了。

微信的發展並不限於中國，而是迅速在全球蔓延，海外已經擁有超過一億用戶。二〇一三年，為了進入西班牙市場，微信不惜花費二億美元做廣告宣傳，請巴塞隆納足球俱樂部的王牌球星梅西（Lionel Messi）為微信代言。

微信只是眾多手機APP中的一個，但它的成功可以彰顯移動網路的潛力有多大。而移動網路介入商業營運的結果就是催生或強化了O2O模式（Online to Offline）的發展，我們直接進入了小眾時代。

O2O模式即線上與線下結合，是新時代下的商業模式，淘寶、京東、天貓等電商早已加入此行列。如今的用戶再也不是用計畫經濟、商品經濟時代的行銷方法所能拿下來的，因為用戶的興趣點變得愈來愈個性化。

在這個時代，你永遠無法取悅大多數人。網際網路的產生，讓小眾化、個性化得到滋養和發展，手機加入網際網路後，虛擬世界的個性化氣質也隨之進入人們的生活。

你會發現在身邊，不僅孩子們愈來愈有個性，年長的人也愈來愈有個性，有些一輩子和其他人沒有任何兩樣的人，在暮年開始綻放不一樣的色彩。一定是年齡或閱歷使然嗎？未必，這也和科技帶來的改變有關。科技，不僅改變生產方式，同樣改變著我們的生活方式和思維方式，它對我們的改變，遠比我們認識到的要深刻、深遠得多。

近二十年來，網際網路產業在中國得到飛速發展，在這一時期，百度、阿里巴巴、騰訊三家網際網路公司悄然成長為行業巨頭，被合成「BAT」。BAT是大眾時代的產物，但在移動網路時期，個性化時代來臨了，為了應對這一局面，BAT這三家公司已經開展了數年的布局。

這三家公司都花費了巨大的人力、物力，力圖從「人與資訊」的連接向「人與服務」的連接跨越，並透過大量的併購交易進入金融、娛樂、出行、醫療、教育、本地生活等行業。

儘管這三家龐大的公司都紛紛進行跨行業布局，但有心無力的局面也不斷加劇。因為它們的時代正在慢慢過去，新的時代來了，必然催生出大量的顛覆者。這些顛覆者在體量上可能比不上它們的一個零頭，但會更靈活，更具有生命力，更符合新時代的精神。

小經濟體就一定存活困難嗎？未必。在當今時代，一千個鐵粉足夠讓你養家糊口；一萬個鐵粉能夠讓你比中產階級還要富有；一百萬個鐵粉足以讓你超過九五%的中國人。

小經濟體就一定比大經濟體競爭力更弱嗎？未必。大經濟體雖然很大，但不可能把全世界吞下。如果說在網際網路時代，你能夠成功聚集大部分的人，那麼在移動網路時代，得小眾者才得天下。

小眾並不是基於人群數量的多少，而是著眼於需求的細分。經常訂製私人用品的人會發現一種現象，有些常見的產品，訂製的價格卻十分昂貴，而用戶還特別喜歡訂製。根據長尾效應，有一些潛在的大眾也會不斷地向小眾靠攏，從理論的角度上來說，小眾可以達到無限。但達到無限的小眾也並非大眾，而是能夠滿足愈來愈多的私人訂製。

人類在潛意識裡，幾乎都是以自我為中心。相對於別人，我們永遠更在乎自己，永遠都追求服務的極致狀態，這從每個人都希望客服有無條件的好脾氣就可以看出。對於產品來說，內容、功能、邏輯、交互甚至營運都應該圍繞消費者的自我意識展開，而個性化是以上所有問題的根本解決之道。

在生活方式相同或相似的小眾群體裡，每一個成員都獲得了身分認同，這就是歸屬感的來源。身分認同是對自身文化身分和地位的一種自覺和把握，是對人與人，或者人與群體之間共同文化的確認。使用相同的文化符號，遵守共同的文化理念，秉承共有的思維模式和行為規範，是文化認同的依據。由於小眾群體使得每一個成員獲得了歸屬感，於是他們有了保持與創新自身文化屬性的根本動力。

在舊時代，企業一味地追求大而全面是有原因的，因為那時受時間和空間的限制。按照可口可樂的研究，要做到產品覆蓋整個美國，那麼每三百個人就需要一個銷售點。這個計算如果搬到中國就是一個天文數字，因為這意味著四百萬個銷售點。每一個銷售點都因為形態屬性不同有著不同的輻射半徑，因此才產生了連鎖企業。麥當勞在中國有二千多家，肯德基有五千多家，而沙縣小吃、蘭州拉麵等連鎖品牌更是不勝枚舉。

但是移動網路的普及瞬間摧毀了終端「變多」的意義，也就是說，在網際網路時代，透過更多的終端把產品賣給更多消費者已經沒有必要了。在網路上，只需要一個頁面就能把產品展示到世界，於是規模化喪失了一切意義。這也意味著新的經濟模式在理論上可以獲得與巨頭相等的傳播能力。因為在網路上，企業都是平等的。

現在是小而美的經濟體大行其道的時代，比如市場上新出現的二十四小時便利商店模式，這些小小的便利商店開在街角，占地不大，與好市多、家樂福等大型超市系統相比就如同一隻小麻雀，但正是這樣一隻小麻雀真正體現出小眾經濟的「便利之美」。

在過去，我們傾向於一切以大為美，要大規模、大產業、大運作，但在當今這個時代，經濟走到另一個方向，就是要專注，專注服務於某一群體。因為專注，所以個性，所以快，所以有取捨，註定了這樣的經濟模式不可能具有龐大的規模。

人類發展的分眾化、小眾化趨勢是未來學家艾文·托佛勒 (Alvin Toffler) 在二十世紀七〇年代提出的。今天看來，他的預言已成現實。自二十世紀九〇年代後，消費主義浪潮席捲全球，加速了現代化進程，人們從對人類整體命運的關注開始轉變為對自身生活狀態的關心。直接造成了人與人之間的關係日益疏離，一個個帶來歸屬感的小團體、小圈子變成了人們的庇護所。

在社會碎片化的時代背景下，市場細分理論更加受到企業經營者的重視。市場細分理論是美國學者溫德爾・史密斯 (Wendell R. Smith) 在一九五六年提出的，根據消費者對產品不同的欲望和需求、不同的購買行為與購買習慣，把整個市場劃分為若干具有相同或相似需求的消費者群體，以便企業在子市場中選擇最精準的目標市場。

很多時候非主流才是主流，非主流不是年輕人的專利，對任何一個年齡層的人來說，內心都住著一個非主流的自己，因為關於自我的認知，是人性的一部分。不管是決定主流般的「非主流」，還是非主流般的「主流」，都是非常強烈的個人選擇，是內心的反映。從這個意義上來說，每個人都具有獨一無二性，只是年輕人更願意把自己的個性展露出來，好像個性化是他們這個年紀的人的專屬。其實並非如此。在小眾化時代，群體不再簡單地分為老年、中年、青年和少年，群體的分化更加多樣性，有喜歡跳廣場舞的少年，也一樣有喜歡玩滑板的老人。對於經濟體來說，面對的是有不同愛好的人們，而並非嚴格按照年齡劃分的群體。

這個時代喚醒了每個人心中的小眾意識，這個時代也完全有能力為每一個人打造屬於他們自己的「私人訂製」。

人類跨入二十四小時生命期

著名的未來學家格雷厄姆·莫利托(Graham T.T. Molitor)在〈全球經濟將出現五大浪潮〉一文中提出娛樂經濟的條件和特點：網路技術高度發展，人類社會資訊化；娛樂經濟的核心是創造內在體驗。

換句話說，網路將是娛樂經濟的平臺，能夠給用戶帶來「娛樂體驗」的內容才能實現其價值。

黑格爾(Georg W. F. Hegel)說：「凡是合乎理性的東西都是現實的，凡是現實的東西都是合乎理性的。」這句話後來被簡化成大名鼎鼎的「存在即合理」。我們不妨把這句話重新闡述一遍：現實與理性都符合人性的範疇，那麼「存在即人性」。

技術就是人性的延伸，技術無所謂「善惡」，任何技術都有合理性。

農業革命透過耕種保障飲食，從此之後再也不必發愁下一頓飯在哪裡，人類的溫飽問題解決了。

工業革命透過機械和電氣延伸了我們的肌肉，解決生產效率問題，從此我們進入高生產率時代，物質極大豐富，人類擺脫物質匱乏的束縛。

無論是農業革命，還是工業革命，都是我們肢體的物理延伸，它幫助我們，豐富我們，但沒有從本質上顛覆我們。

網際網路和資訊革命則是另一個概念，和以前的技術革命不同，資訊革命拓展了人類的大腦；而人類與動物的區別，根本在於人類擁有無與倫比的頭腦。

英國生物學家理查・道金斯(Richard Dawkins)在《自私的基因》中首次提出了「文化基因」的概念。文化基因與生物基因對應，其實質也是一種複製因數，可以像生物基因一樣被遺傳、變異、選擇、優化。最關鍵的是，和生物基因的最終目的是一致的，就是追求最大可能地複製下去。

在這樣的概念裡，任何可以在人群中傳播複製的文化行為——語言、觀念、時尚、技術、理論、信仰、傳統等，都可以被看作文化基因。而人類的歷史可以被看作是一部文化基因的進化史，所有的文明現象不過如此，都是在傳承、同化、變異、交融和選擇中尋求自身最大可能的延續性。

生命體的第一需求是傳播、複製自己的基因，個體生命終將死亡，但把基因複製到下一代，透過這種方式，在某種意義上可以延續生命，超越死亡，打敗時間。

然而，人還有「第二生命」，即存在於文化基因中的精神世界。無論出於有意還是無意，人類都在不斷地傳播和複製文化基因，這是我們做為符號動物的第二需求。

文化基因的傳播比生物基因的傳播還多出一個優勢，就是它並非只有遞減一種模式，有時還會被加強。

有性繁殖使得生物基因在遺傳中每代都會減半，因為子女的基因一半來自父方，一半來自母方，你必須騰出一半的地方讓其他基因填充，但文化基因的傳播不存在這種必要性。

孔子的生物基因傳到今天，已經有八十代了。雖然孔子的後代依然以身為聖人的後裔而驕傲，但他們身上攜帶孔子的生物基因其實已經稀釋得和水一樣（你不妨親自算一下這個數字有多小）。而孔子的文化基因呢？就是另一個景象了，儒家思想到了今天還生生不息地產生影響，雖然中間遭遇了各種變異和重生，但只要有心，你依然可以在今天的文化中找到孔子思想的清晰痕跡。

從這個意義上來說，做為一個群體，傳播自己文化基因的價值和重要性，遠遠超越了傳播生物基因。從人類進化這個更宏大的角度來看，個體是無價值的，人類只有做為一個群體，才具備了存在的意義。

網際網路的出現使文化基因的傳播得到了質的飛躍，在網路上，文化基因的複製幾乎沒有成本，而且可以即時傳播、雙向互動。文化基因第一次從底層的物理介質中「脫嵌」了出來，可以無阻地傳播了。

虛擬世界不是在有了電腦和網際網路後才出現的，人類自從有了文化基因，就存在於雙重現實中。只是以前我們以為所有的非現實都是想像，當祖先圍著篝火跳舞時，當祖先在孤獨深夜思考自己的前世今生時，當祖先借助月光寫下「但願人長久，千里共嬋娟」時，我們從來不認為想像是另一種現實。但是讓人意想不到的是進入認知革命後，想像力就會持續發生作用，甚至逐日加強。終有一天，虛擬和現實會達成無縫銜接。

就像我們前面說的，從宇宙大爆炸那一天起，夜晚就扮演著人類臆想力搖籃的角色。電氣革命帶來了照明，讓夜晚更活躍、更豐富；網際網路的出現，使得夜晚的虛擬世界意義得到了徹底的表達和釋放。宇宙起初是一個混沌無序的世界，隨著宇宙大爆炸後的冷卻，在一百萬分之一秒後，夸克透過膠子連接在一起，形成了質子和中子；三十八萬年後，當質子和中子組成的原子核和電子結合在一起，形成了穩定的原子。

一億年後，第一批恆星開始形成並發光，核融合反應產生了各種重元素。不同數目的質子和中子連接成的原子核和電子結合在一起，便有了形形色色的元素；當不同元素的原子以一定的排列方式連接成分子時，便開始了化學的紀元。

四十六億年前，包括地球在內的太陽系開始形成。三十八億年前，高分子連接成複雜精細的結構並產生自我複製的機制，開啟了生物的紀元。二十億年前，多細胞生命出現，當細胞透過組織連接起來，形成豐富的生命形態。十二億年前，開始了有性繁殖，當基因透過性組合起來，生物多樣性就產生了。

二十萬年前，進化出解剖意義上的現代人類。大約七萬年前，人類經歷舊石器時代晚期的認知革命，語言出現了。語言符號連接起來，便產生了意識世界，人類開始進入文化的紀元。進化的主旋律由物理化學反應到生物基因的複製，最終演變成文化基因的傳播。

宇宙是透過各式各樣的連接才稱為一體，做為個體雖然自成體系，但每一個個體的存在意義，都依賴於它們在整體中的位置和價值。這是宇宙的本質，也是網際網路的本質。

網際網路不是成千上萬的終端連接到母體，受制於母體的垂直型關係。網際網路是一群人的浪漫，每一個人的價值都隸屬於自己，但也是整體的一部分，母體的整體性來自每一個個體的獨特性。

網際網路改變了我們每一個人的認知邊界，更重要的是，網際網路的去中心化導致權威弱化，世界更多元，個體更突出。但是世界因為解放了成千上萬的個體，反而更加有力、更加豐富了。這種變化中，人類社會產生的紐帶力量，遠遠勝過一個權威時代。

從這個角度來說，網際網路帶給了人類社會顛覆性的改變。也許我們今天還沒有明確意識到這種改變，但在不遠的將來，已知的社會結構必將發生重大變革。網際網路讓「每一個人」變成「一群人」，讓「一群人」變成「同一群人」，人類在某種程度上達成了社區、種族、國家、宗教的和諧，在技術層面上成為「同一群人」。

夜晚的功效和質能也悄然發生了改變，採集狩獵時代和農業時代的人類只關注白天，夜晚是他們休息、娛樂的時間，白天才是生活和生產的時間。他們的日曆是一個接一個的白天，一天中，人類的有效時間只有十二個小時。

但是網際網路產生後，白天與夜晚將不再有任何區別，人類正式跨入二十四小時生命期。你可以在白天休息，夜晚連上紐約的股市做投資工作；你可以在白天休息，夜晚在網路上進行客戶服務和溝通；你可以在白天休息，夜晚發出世界某個角落裡的新聞資訊。

夜晚做為時間段的重要性愈來愈突顯，甚至有時比白天更重要。做為一個固定空間的個體，你可以和這世界上任何一個空間、任何一個時間的人溝通交流，那麼，夜晚和白天，在利用意義上還有什麼區別?!

夜晚白天，你我他，在網際網路技術的支援下，終於實現了親密無間的浪漫。

尾聲
尋找第二GDP

夜晚賦予我們的含義遠比表現出來的要多。它讓我們休息，帶給我們安寧，也是我們精神上的庇護所，一直深深地和人類的文化行為、精神世界與自我認知緊密連繫在一起，無一不彰顯了夜晚在人類生活中的重要性。晝與夜彷彿硬幣的兩面，彷彿陰陽的兩端，離開了夜晚，白天就毫無意義。

而我們所說的經濟行為，雖然從字面意義上理解是生產關係和生產力的體現，但是，從它誕生的那天起，經濟就是關於人的，而不是關於錢的。

「經濟」在英語中是 economy，源於希臘文 oikonomia，原意就是「家庭管理」、「管理家庭的人」。在東方，古漢語中「經濟」一詞的來源是「經邦濟民」和「經國濟民」。

無論是東方文明還是西方文明，「經濟」的本意都與處理人與人的關係緊密相連。在東方，「經濟」的起源甚至有更宏大的意義，和一個國家的興旺連繫在一起。但是無論從哪方面解讀，經濟都比金錢交易要更豐富、更廣闊，它涉及文化和政治，也需要植根於對人性和人本質的深刻理解。

夜間經濟在古代表現為夜市，據考證夜市萌芽於漢代，興起於唐代中晚期，到宋代打破宵禁制和坊市制後興盛一時，在明清得到進一步發展。民國時期戰亂頻繁，各地又恢復宵禁，在一段時間內阻礙了夜市的發展。真正的夜間經濟出現在改革開放後，人們對夜晚生活內容的重視，使得城市趨向全時性。

國際上，夜晚經濟被稱為「二十四小時城市」，源自二十世紀七〇年代英國為改善城市中心區夜晚空巢現象提出的經濟學名詞，提倡城市夜晚活動多元化。英國在一九九五年正式實施夜晚經濟戰略，之後美國也大力推行，夜晚在經濟活動中承擔了愈來愈多責任。

夜間經濟活動從來不是孤立的，它完全可以看作白天經濟生活的延續。就消費而言，甚至可以與白晝相提並論，有些地方甚至超過白晝。

夜間經濟不僅迎合城市文化和人們的消費需求，更體現了城市經濟發展的水準。就像我們前面幾個章節說過的，世界上很多城市都有「不夜城」之稱，愈是經濟發達的城市，愈有這樣的特性。

夜間經濟從主題內容來看，主要包括文化、娛樂、休閒、健身、勞務、餐飲、購物等服務業，是人們一般需求之外的增量需求，這些增量需求可以促進服務業的快速發展，催生新的服務內容。夜間經濟的繁榮能進一步提高服務業發展水準，提高服務業在產業中的比重，是推進經濟結構調整，加快經濟發展方式轉變的重要推手。

在這樣的層面上，夜晚因為承載了人性中最柔軟的一部分，而成為經濟生活中最值得玩味的、也是一直被忽略的一部分。

下圖是 Night Earth（夜間地球）網站上的東亞地區夜間衛星圖，從圖中可以隱約看出，中國的國土有一條長長的線，線的東邊，燈火輝煌，好像色彩斑斕的琉璃球；而線的西邊呢？黯然沉悶，如同一塊冰冷的石頭。

這條線是什麼呢？你可能看不到它，也可能從沒聽說過它，但它卻影響著你的生活。這就是經濟學上著名的「胡煥庸線」。

這條線北起黑龍江黑河，一路向著西南延伸，直至雲南騰沖。這是一九三五年中國中央大學地理系主任胡煥庸透過數萬個資料一點一點在地圖上摸索出來的，在那個沒有大資料分析、沒有電腦採集的時代，其工作量之大可想而知。

起先，胡煥庸先生是從人口角度來看這條線，線的西北方向是「大漠長河孤煙」，占當時中國國土面積的六四％，卻只有四％的人口。而線的另一邊呢？是「小橋流水人家」，僅有三六％的國土，卻聚集著九六％的人口。

這是一條清晰的、幾乎驟然就從熙熙攘攘變得人煙稀少的分界線，就好像從南到北的中國人在接近這條線時會意識到什麼似的，一來到界點，就不約而同地加速了向東遷徙的步伐。

一九三五年，胡煥庸先生發表了《中國人口之分布》，將黑龍江璦琿（黑河）與雲南騰沖相連，畫出了這條著名的「胡煥庸線」。

他沒有想到的是，這一連，將古籍中的文學記載量化、數位化了，同時也預言了中國未來近百年的區域發展。

此後的八十年，中國地圖從「海棠葉」變成了「雄雞」，分割線兩側的面積對比變為五七%：四三%，中國的人口也從那個時代的「四萬萬」，變成了今天的十三億。變化如此之大，但胡煥庸線兩側的人口對比呢？只移動了一．八%。

在這條線被發現後的幾十年裡，中國發生了很多驚天動地的事情：新疆生產建設兵團墾荒戍邊、支援大西北、三線建設、知識青年上山下鄉……中國人民一次次大規模地從線的東面遷往西面，一次次喊著「人定勝天」走向廣闊天地開創未來。但是有意思的是，人為的遷徙好像是條有彈性的橡皮筋，一旦外力鬆動時，橡皮筋註定要恢復原狀。

二○一四年四月十一日，當即時通信軟體騰訊QQ的同時線上用戶數突破二億時，有人發現，如果每一

胡煥庸線兩側人口占比變化表

年分	胡煥庸線西側人口占比	胡煥庸線東側人口占比
1935年	4%	96%
1982年	5.6%	94.4%
1990年	5.8%	94.2%
2000年	5.8%	94.2%

個用戶就是一個小亮點，那麼我們依然可以從黑龍江到雲南畫出一條清晰的線，一邊滿是QQ線上的信號，另一邊就是大片的黑暗，這和一九三五年中央大學教授書桌上的人口分布圖一模一樣。

真的有人定勝天嗎？其實不過是順應自然而已。胡煥庸線西北一側貢獻了中國GDP的四・三％，而東南一側則貢獻了剩下的九五・七％。人口密集度就意味著經濟的活躍程度，而經濟的活躍程度就反映在太空俯視下的夜晚。

GDP是什麼？是國內生產總值，是一定時期內本國的生產要素所有者所占有的最終產品和服務的總價值。GDP包含兩方面的價值：產品價值和服務價值。

如果說白天主要負責產品價值，那麼夜晚才是GDP中服務價值的主戰場。

夜晚製造第二GDP。

技術革命是催生這一可能性的主要助動力，電氣革命讓夜晚如白天一樣光彩奪目，甚至更有韻味；網際網路帶動的資訊革命，讓夜晚充滿各種可能性，甚至超過白天。

與文化、知識、服務相關的第三產業在經濟結構中占有的比重愈來愈大、愈來愈明顯。產業鏈由只注重製造，慢慢開始往研發和品牌服務傾斜。

這就意味著一直以來被低估的夜晚需要扮演重要的角色，因為夜晚是白天的消費和服務輸出的延伸。一個不重視夜晚的經濟結構，是自斷一臂的經濟結構，是自動放棄第二GDP的經濟結構。

美國布朗大學教授大衛．威爾（David Will）研究指出，一個地區夜晚的活躍程度和它的GDP成正比。中國消費經濟學家尹世傑認為，以閒暇消費為主的夜間經濟，是物質文明與精神文明的結合點，體現了人類社會文明的內涵，是促進消費和諧乃至社會和諧的一個重要方面。

在某種程度上，夜間經濟是一個城市的經濟發展水準和消費水準最直觀的反映。夜間經濟已逐漸成為服務業的新增長點，是一個城市經濟框架的重要組成部分。

文化產業的出現是社會分工的結果，它為社會經濟活動提供了新的創造價值的方式，增添了新的經濟增長點與活力；提供了一套新的產業增長模式，有著新的經濟功能。除了可以對經濟發展的各個部門包括工業、服務業產生積極的影響，還為城市化進程帶來更好的發展。

有資料顯示，六〇％以上的美國人休閒活動是在夜間；法國巴黎市政府規定，臨街的商家要在關門後保留櫥窗燈光；在經濟放緩的背景下，澳洲雪梨市政府推出新政策，大力發展夜間經濟，鼓勵百貨公司、博物館、咖啡店和藝術館延長營業時間。

自古以來，文化中心就是城市所具備的功能。近年來，隨著經濟規模的快速擴張，城市化進程加快，區域面積逐漸拓寬，中國各地紛紛開始實施文化發展戰略。

據統計，在北京、上海、廣州、深圳等城市，夜間經濟已經占全天服務業營業額的五〇％，百貨商店發生在晚上六點後的營業收入，竟然占到全天銷售額的四〇％到八〇％。

夜間經濟早就不是古代的「夜市」概念，而是發展成為一種以文化消費為主要內容，涉及餐飲、旅遊、休閒、貿易、娛樂等方方面面的經濟體系。

到了夜晚，晝與夜的差異、時間與空間的重構、地點的可達與不可達等形成新的城市生態。「夜態城市」就是要研究夜晚的城市經濟、城市文化、城市社會結構，以及最後形成的一種與白天生活方式不同的生活狀態，並且把這種生活狀態反映在城市空間結構和城市規劃管理上。

所以，我們說的「夜間經濟」涉及更廣、更全的內容，不僅包含經濟領域，還包含了城市規劃與管理的概念。

物質世界是普遍連繫的，任何存在都必須在一定的時間和空間裡，人類文化也不例外。

文化哲學視野下的空間，不是物理、自然空間，而是文化空間。文化空間是人的世界的空間維度，是從空間角度考察的人的世界，是人的世界的一種基本存在形式。進一步說，文化空間是人及其文化賴以生存和發展的場所，是文化的空間性和空間的文化性的統一。

文化空間是與文化時間相對稱的，「文化空間必須透過文化時間得以縱向的延續和發展，文化時間必須透過文化空間得以橫向的展開和延展」。做為人的世界的基本存在形式，文化空間和文化時間的結合共同構成文化時空環境，文化時間和文化空間是構成文化環境的本體論維度。

夜間經濟是城市經濟發展的一種新的呈現方式，事實上，一個城市是否能體現出引領性和主導性，主要看它是否具有成熟的夜間經濟。因為夜間經濟拉動了消費需求，轉變了經濟增長方式，也促進了經濟環境的協調發展。看一個城市的經濟活躍程度，沒有比夜間經濟更好的經濟指標了。

在不久的將來，一個城市的服務業，在一定程度上就是城市經濟提升的主要判斷指標，而發展夜間經濟就是要帶動更多民眾參與服務消費。

新技術的介入，讓夜晚的可能性得到了無限延伸。人們可以在家裡購物，也可以透過手機APP點外賣。人們在夜晚得到放鬆，很多娛樂行為也是在夜晚進行。基本上，白天屬於公眾關係，但夜晚是圍繞私生活展開，而所有的個人消費都是私生活的一部分，所以夜晚的消費量體現了民生。如果說白天體現了GDP的陽面，那麼夜晚代表著生活品質是GDP的陰面。

時間和物質、能量、資訊、人力一樣，是不可或缺的、極其重要的經濟資源。時間這種資源，乍看是無限的，過去未來，無窮無盡，似乎可以取之不盡、用之不竭。其實，時間比其他任何資源都更為短缺。對個人來講，他所擁有的時間資源是由時間的自然屬性和個人壽命的長短決定的。我們不能用其他任何資源來代替時間資源，既不能把以往的時間推遲使用，也不能把未來的時間提前到經濟活動中來，而且，沒有任何人可以阻止時間的腳步。

所以，時間才是最短缺的資源。

一切人類活動，包括經濟活動都是在一定的時空中進行的，離開了時間，人類的一切活動都難以為繼。正因為時間不等人，夜晚的利用率就會愈來愈高，這是商業社會對資源最佳利用的結果。

而且隨著社會的進步，人們的生活方式也發生了重大變化。在農業社會，人們早睡早起，日出而作，日落而息。進入工業社會後，城市化進程愈來愈快，白天和夜晚的界限被打破，人們把更多的學習、工作、休閒、娛樂、購物和社交等活動安排在夜間。

也許在不久的未來，人類沒有了夜晚和白天的界限，城市被燈光點亮，夜晚被技術裝點。上海的夜晚是紐約的清晨，是開羅的中午，是巴黎的下午。透過即時通訊軟體，你可以在夜晚的上海操盤紐約的股市，參加開羅的會議，訂製巴黎的服裝。對你來說，你屬於這個時空的每一個部分，你的視線裡無所謂白天黑夜，有的只是你的視野和延展能力。

在這樣的情況下，夜晚不再是黑暗、寂靜、只適宜睡眠的。夜晚不再具有絕對意義，它是相對的，它只是時空的一個底色，夜晚本身是可以改變的。

這是多麼大膽的一個看法，但是這一切都逐漸成為事實。愈來愈多人突破了夜晚和白天的界限，愈來愈多人在瞬間連接到地球的各個角落。人類的視野不再受困於腳步，人類的認知也不再受困於日升月落。

世界是平面的，時空也不再是反正兩面。夜晚和白天只存在於你的概念當中，所以，不妨讓我們大膽一些，擁抱夜晚。這不僅是因為我們對星空的眷戀，也不僅是因為我們對人類發展的追隨，而是因為我們的內心更加自由，視野更加寬廣。黑與白，晝與夜，不再是邊界，而是色彩。來去自由，隨心所欲，這才是夜間經濟學的真正含義。

WIN 023

夜經濟：第一本人類夜晚活動史

作　　者—葉丁源
主　　編—邱憶伶
責任編輯—陳映儒
行銷企畫—陳毓雯
封面設計—兒日
內頁設計—張靜怡

編輯總監—蘇清霖
董 事 長—趙政岷
出 版 者—時報文化出版企業股份有限公司
一〇八〇一九臺北市和平西路三段二四〇號三樓
發行專線—（〇二）二三〇六—六八四二
讀者服務專線—〇八〇〇—二三一—七〇五
（〇二）二三〇四—七一〇三
讀者服務傳真—（〇二）二三〇四—六八五八
郵撥—一九三四四七二四時報文化出版公司
信箱—一〇八九九臺北華江橋郵局第九九號信箱
時報悅讀網—http://www.readingtimes.com.tw
電子郵件信箱—newstudy@readingtimes.com.tw
時報出版愛讀者粉絲團—https://www.facebook.com/readingtimes.2
法律顧問—理律法律事務所　陳長文律師、李念祖律師
印　　刷—紘億彩色印刷有限公司
初版一刷—二〇二〇年四月十日
定　　價—新臺幣三六〇元

時報文化出版公司成立於一九七五年，
一九九九年股票上櫃公開發行，二〇〇八年脫離中時集團非屬旺中，
以「尊重智慧與創意的文化事業」為信念。

原著：夜間經濟學／鬼虎子　著
本書臺灣繁體版由四川一覽文化傳播廣告有限公司代理，經北京沐文文化發展有限公司授權出版。

夜經濟：第一本人類夜晚活動史／葉丁源著 .
-- 初版 . -- 臺北市 : 時報文化 , 2020.04
288 面 ; 14.8×21 公分 . --（WIN 系列；23）
ISBN 978-957-13-8148-0（平裝）

1. 經濟發展　2. 產業發展

552.15　　109003483

ISBN 978-957-13-8148-0
Printed in Taiwan